1 Vorwort

Bereits im Grundschulalter zeigen sich bei vielen Kindern psychosomatische Beschwerden oder Haltungsschwächen; häufig auftretende Verhaltensauffälligkeiten werden von den Eltern durch Verabreichung von Medikamenten unterdrückt.
Gesundheitserziehung im Sinne von Bildung und Training gesundheitsfördernden Bewusstseins und Verhaltens befähigt Kinder, selbstständig Einfluss auf ihren Körper und dessen Konstitution zu nehmen und so nicht zuletzt auch einen solidarischen sozialen Beitrag zu leisten.

1.1 Ziele

- Persönlichkeitsstärkung durch Herausbildung gesundheitsorientierter Selbstkonzepte, die Seele und Körper einschließen
- Verständnis von Gesundheit als grundlegendem Wert durch Kenntnis der Fähigkeiten und Funktionen von Sinnen und Organen
- Grundlegende Akzeptanz einer gesunden Lebensweise durch Austausch mit anderen Kindern
- Präventionsmaßnahmen
- Auseinandersetzung mit Erkrankungen von Sinnen und Organen und mit den Problemen von Menschen mit Sinnesschäden, auch um Hilfe anbieten zu können
- Förderung des verantwortlichen Umgangs mit Arzneimitteln und des Bewusstseins für alternative Möglichkeiten (z. B. Hausmittel)

1.2 Die Arbeit mit der Kartei

Die 9 Themenbereiche sollten nicht gleichzeitig angeboten werden. Ein zu großes Angebot erweckt bei Kindern den Eindruck der Beliebigkeit und lässt sie vorrangig nach Angeboten suchen, die attraktiv sind durch hohe Handlungsorientierung oder interessantes Material.

Einige Themenbereiche können jahreszeitbezogen eingesetzt werden (z. B. *Haut* im Sommer), andere situationsorientiert (z. B. *Erste Hilfe* bei Themen wie Feuer oder Werkzeuge).

Die einzelnen Themen entstammen der Lebenswelt der Kinder. Das Lernen an Stationen fördert neue Sacherfahrungen über das Alltagswissen hinaus. Sie können erst durch den Austausch in der Reflexionsphase verarbeitet werden. Dabei geht es nicht nur um bloße Erkenntnis, sondern immer auch um Aufarbeitung der Wahrnehmungen, die durch Reflexion und sprachliche Verarbeitung in der Integrationsphase erfolgt (vgl. dazu 2.1). Der daraus erfolgenden Notwendigkeit von Sprachschulung könnten z. B. die Anleitung zur möglichst genauen Beschreibung der Wahrnehmungen, die Versprachlichung von vermuteten Zusammenhängen („Das ist so, weil …“), das Ziehen von Schlussfolgerungen Rechnung tragen.

Sinnvoll ist die Anlage eines **Gesundheitsheftes**, weil auf diese Weise ein Produkt hergestellt wird, das bleibenden Wert für die Kinder hat. Dazu sollte ein DIN A 5 Ringbuch oder Heft angeschafft werden. Auf vielen Karten befinden sich Aufträge zur Niederschrift in das Gesundheitsheft. Das Piktogramm der jeweiligen Karte sollte zu dem Eintrag geklebt werden. Die AB werden ausgeschnitten und zum passenden Thema eingeklebt. Die erste Seite sollte für ein Inhaltsverzeichnis frei gelassen werden.

Sachkartei *Grundschule*

GESUND UND FIT
Stationentraining

Beiheft für Lehrerinnen und Lehrer

Ulrike Schwandt

Bayerischer Schulbuch Verlag • München

Inhaltsverzeichnis

1. Auflage 2003 RE

Druck 06 05 04 03
Die letzte Zahl bezeichnet das Jahr des Drucks.
Alle Drucke dieser Auflage sind untereinander unverändert und im Unterricht nebeneinander verwendbar.

Umschlagskonzept: Mendell & Oberer, München
Umschlag: Lutz Siebert-Wendt
Lektorat: Bea Herrmann
Herstellung: Arite Wald
Illustrationen: Irmtraud Guhe, München
Fotos: Elisabeth Mitterwallner
Satz und Reproduktion: Manuela Treindl, Laaber
Druck und Bindung: MB-Verlagsdruck, Schrobenhausen

ISBN 3-7627-**8390**-X

2 Lernen an Stationen

- Mit den Angeboten an Lernstationen wird der Unterricht im Fach Sachunterricht (SU) geöffnet, insofern freie Entscheidungen über die Wahl der Inhalte, der Sozialform, der zeitlichen Bearbeitung und evtl. des Lernortes möglich sind.

- Um den Kindern ein **sinnstiftendes Lernen** zu ermöglichen sollte ein Bezug hergestellt werden zwischen Schülerinteressen und dem Angebot dieser Kartei. Die Erfahrungen und Fragen der Kinder werden mittels Brainstorming oder Cluster schriftlich abgerufen und in der Klasse veröffentlicht. Diesen Fragen und Interessen werden die angebotenen Stationen zugeordnet.

- Die Arbeit an den Stationen sollte möglichst in einer Doppelstunde erfolgen, um den Aufgaben und Zielen gerecht werden zu können.

2.1 Methodischer Ablauf

Der methodische Ablauf des Lernens an Stationen gliedert sich in 3 Phasen:

2.1.1 Initiationsphase

Zu Beginn einer jeden Stationenarbeit stellt die Lehrerin ein oder zwei Stationen vor, mit denen sich möglichst viele Kinder beschäftigen sollen. Sie kündigt zugleich die Diskussion dieser Stationen am Ende der Stunde an.

Die Kinder wählen, nachdem sie die Stationen im Überblick kennen, ein Angebot. Damit sollen sie auch angeleitet werden, sich eigene Handlungsziele zu setzen: „Ich will heute herausfinden, warum …" „Ich will heute … herstellen." Sie stellen ihre Wahl im Gesprächskreis vor und begründen sie (besonderes Interesse, etwas gut können, etwas Neues lernen wollen usw.). Auf diese Weise entwickeln die Kinder ein Selbstkonzept (Individualerfahrung).

2.1.2 Produktionsphase

Die Kinder bearbeiten die Angebote eines Themenbereiches. Eine Differenzierung ist möglich über die Partnerarbeit. Bilder und Grafiken erleichtern leseschwachen Kindern das Verständnis. Die Kinder organisieren selbst die Bereitstellung der notwendigen Materialien und den Ablauf der Versuche und übernehmen so Mitverantwortung für ihren Lernprozess. Die Aufträge auf den Karten sollen die Präsentation der Arbeitsergebnisse erleichtern.

2.1.3 Integrationsphase

Die Erfahrungen aus der Produktionsphase müssen strukturiert und in das übergreifende Konzept der Gesundheitserziehung eingebettet werden. Dies erfolgt über den Erfahrungsaustausch und das Gespräch über mögliche Konsequenzen (z. B. Sehtest – Augenarzt). Die Kinder müssen sich so über die lebenspraktischen Konsequenzen ihrer Stationenarbeit klar werden.

Die Integrationsphase kann umso leichter moderiert werden, je stärker in der Initiationsphase bereits die Voraussetzungen für eine gelungene Integration gelegt wurden:

- In der Eröffnung des Gesprächs wird eine Strukturierung vorgegeben, dabei werden Fragen nach dem Tun vermieden (nicht „Erzählt, was ihr gemacht habt!“, sondern besser „Berichtet, was ihr Neues erfahren/gelernt habt!“)

- Die Kinder beurteilen die eigene Arbeit bezüglich Können/Schwierigkeiten und geben zugleich Tipps an andere, die das Angebot noch nicht bearbeitet haben.

- Sie beschreiben mit Rückblick auf ihr Handlungsziel ihren Lernzuwachs („Ich wollte wissen, was … – Ich habe erfahren, dass …“)

- Durch die Präsentation von Arbeitsergebnissen wird die Aufmerksamkeit der anderen Kinder zusätzlich erhöht (Visualisierung). Möglich wäre auch ein Rundgang durch einzelne Stationen, an denen der besseren Verständlichkeit wegen etwas demonstriert werden kann.

3 Der Aufbau der Sachkartei

Die Kartei enthält folgende Erfahrungsbereiche (die Abbildungen der Piktogramme auf dieser Seite können Sie als Kopiervorlage verwenden):

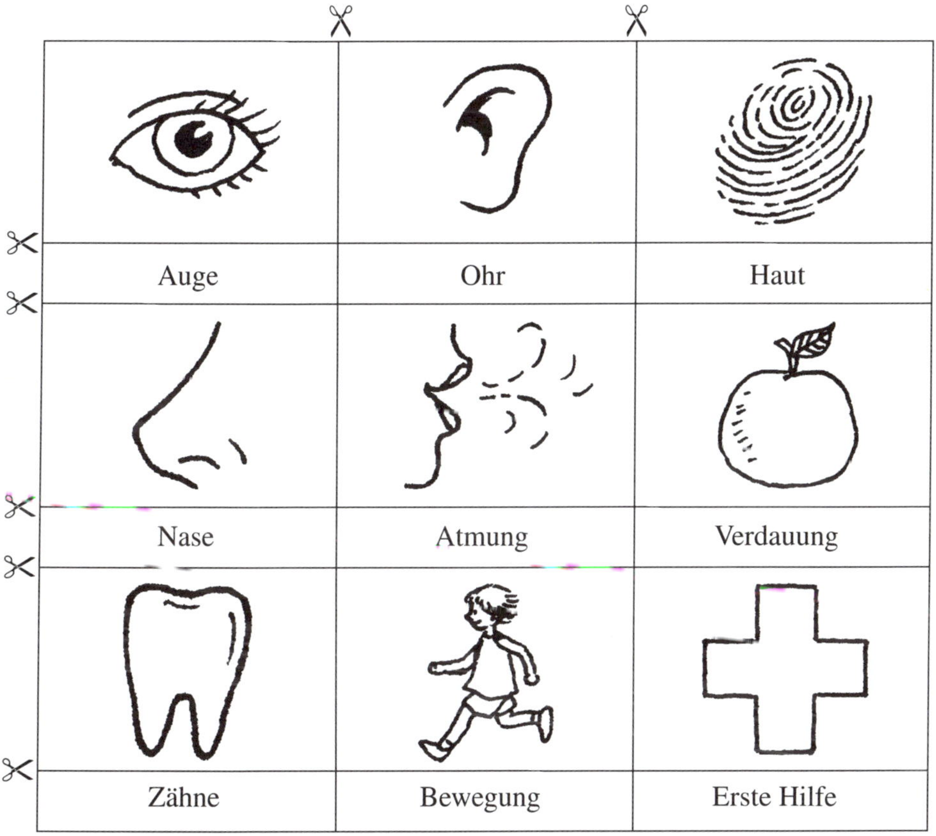

Vorder- und Rückseite einer Karte enthalten unterschiedliche Aufgaben, die sich ergänzen. Die überwiegende Sozialform ist die Partnerarbeit, um gegenseitige Hilfe zu ermöglichen. Ein paar Angebote für die Spracharbeit finden sich als AB in diesem Heft. Ideen zur Bewegungserziehung lassen sich in den Sportunterricht integrieren. Für einen erweiterten fächerübergreifenden Unterricht sollte die Kartei um zusätzliche Inhalte aus den Bereichen Sprache, Musik und Gestaltung erweitert werden.

Station	Lernziele (LZ)	Material	Hinweise
3 Siehst du immer genau? (1)	• Kenntnis von Täuschungsmöglichkeiten des Sehsinns	Lineal	Sehtest durchführen (z. B. vom ADAC)
4 Siehst du immer genau? (2)	• Täuschung des Sehsinns durch schnelle Bewegung von Bildern gegenüber langsamerer Verarbeitung im Gehirn • Durch schnelles Drehen der Scheibe überlagern sich die Bilder von Hamster und Käfig	Ausschneide-Bilder fürs Daumenkino; Schere; Pappe; Lochstanzer; Kordel	So täuschen Zauberer AB *Daumenkino*
5 Warum hast du zwei Augen? (1)	• Fähigkeit des räumlichen Sehens in den drei Dimensionen Breite, Höhe und Tiefe besteht nur mit zwei Augen • Unfallprävention		• Wie sehen Menschen mit einem Glasauge? • Differenzierung für leistungsstarke Kinder • Konsequenzen besprechen!
6 Warum hast du zwei Augen? (2)	• Erschwerte Bedingungen bei einäugigem Sehen durch ungenaue Berechnungen von Entfernungen im Sehzentrum des Gehirns • Kenntnis von der Erzeugung unterschiedlicher Bilder durch abwechselndes Schließen der Augen (Bilder springen) • „Führungsauge“ identifizieren: Bleistift und Linie stehen immer übereinander	Blatt, Papier, Stift Nadel Faden leerer Lippenstift Bleistift	Was Augen alles können zeigt sich auch in der Sprache AB *Redensarten zum Sehen/Hören* Der Wert des Augensinnes wird noch deutlicher

Station	Lernziele (LZ)	Material	Hinweise
7 Kannst du rot und grün erkennen? Wie sieht dein Auge eigentlich aus?	• Erkennen von Rot-Grün-Blindheit • Verständnis von Ampelschaltungen (rotes Licht ist in allen Ländern immer oben) • Unterscheidung der äußerlich sichtbaren Teile des Auges (Begriffszuordnung) • Fachsprache richtig benutzen	Spiegel bunte Stifte Papier	Bilder von Augen: Welche Augen gehören zu welchem Kind?
8 Trainiere deine Augenmuskeln! Augen können geschädigt werden	• Einsicht über den Trainingsbedarf der Augenmuskeln wie aller anderen Körpermuskeln • Einsicht in die Steigerungsmöglichkeiten von Aufmerksamkeit und Konzentrationsfähigkeit sowie die Schnelligkeit und Sicherheit der Identifikation von Zeichen durch Training • Verständnis für die Schutzbedürftigkeit des Auges • Präventives Verhalten zum Schutz der Augen	Schale mit Wasser	Die Augenmuskeln sollten regelmäßig gemeinsam trainiert werden. AB *Beobachten trainieren* Kinder dazu motivieren, weiteres Material zum Training in Zeitschriften selbst zu suchen und mitzubringen

Station	Lernziele (LZ)	Material	Hinweise
9 Warum ist hören wichtig? Woraus bestehen Töne und Geräusche?	• Hörsinn als lebenswichtig erkennen • Geräusche erzeugen, bewusst wahrnehmen, unterscheiden, Schallquellen zuordnen, Schallrichtung bestimmen • Hörtest durchführen, um die eigene Hörfähigkeit zu erkennen • Kenntnis über Schwingungen: Ton entsteht durch schwingende Körper (= Klangkörper), Tonhöhe abhängig von Schwingungszahl (je schneller eine Stricknadel schwingt, umso höher der Ton) und von Kürze/Spannung einer Saite • Kenntnis vom Wasser als Träger von Schwingungen (Leitung der Vibration einer Stimmgabel)	Augenbinde; leere und gefüllte Dosen, Flaschen; stark und schwach gespannte Gummibänder Lineal oder Stricknadel, Stimmgabel, Schüssel, Wasser, Triangel	AB *Hörtest* AB *Redensarten zum Sehen/Hören* Übertragung auf Instrumente: Geige = Saite schwingt Flöte = Luftsäule schwingt Trommel = Fläche schwingt
10 Wie funktioniert der Hörsinn? (1)	• Kenntnis von Luft als stofflichem Träger zur Aufnahme und Weiterleitung von Schwingungen • Kenntnis von Holz (= Tischplatte) als Träger von Schwingungen (leitet besser als Luft) • Kenntnis von Röhre und Trichter als Schallverstärker • Kenntnis von Metallen als guten Schallleitern (Klopfen am Heizungsrohr im Keller – Lauschen am Heizungsrohr in der Klasse)	6 Murmeln, Uhr, Papier dünne Pappe, Bleistift, Schere, Klebstreifen, Uhr evtl. Bau eines Dosentelefons	Bau eines Stethoskops: Trichter in Schlauch stecken und damit hören
11 Wie funktioniert der Hörsinn? (2)	• Erkenntnis, dass die Stimme die ausgeatmete Luft zum Schwingen bringt • Erkenntnis, dass diese Schwingungen von Luftteilchen zu Luftteilchen durch den Gehörgang weitergeleitet werden, bis sie an das Trommelfell stoßen, das dann mitschwingt.	Zwei Trommeln, Schlägel, Sand oder Sägespäne Information als Differenzierung für leistungsstarke Schüler	Oder: Beide Seiten eines offenen Glaszylinders mit Gummi verschließen. Sägespäne auf die obere Seite streuen. Mit Stock auf untere Membran schlagen.

Station	Lernziele (LZ)	Material	Hinweise
12 Was ist Lärm? Starker Lärm macht taub!	• Verständnis für unterschiedliche Reaktionen auf Schall: Empfindung lauter Musik als angenehm, lauter Geräusche aber als unangenehm • Verständnis für Schädigung des Hörsinns durch ständigen Lärm • Möglichkeiten des Lärmschutzes kennen lernen	Plakatkarton Kassettenrekorder	Stille-Übungen als Wege aus dem Lärm zur Stille Menschen zum Thema Lärm interviewen Ohrenarzt einladen und befragen
13 Wie kann Lärm gedämpft werden? Wie schütze ich mein Ohr vor Verletzungen?	• Kenntnis gesundheitlicher Folgeschäden durch Lärm: Ohrenschmerzen; Schlafstörungen; Schwerhörigkeit; Nervenleiden; Taubheit, Konzentrationsstörungen • Lärmschutz durch bestimmte Materialien • Ohrenschmalz als Schutzvorrichtung • Verständnis für schädliche Verhaltensweisen	Zeitung, Styropor, Holz, Korken, Stoff, Pappe, Teppich, Watte, Wolle, Schaumgummi Lupe, Gesundheitsheft, Klebzeug	Kinder an der Bereitstellung der schallisolierenden Materialien beteiligen
14 Ohr und Gleichgewicht Kannst du dein Gleichgewicht halten?	• Verständnis für die Funktion der Bogengänge • Erkennen, dass Gleichgewichtsfähigkeit von anderen Sinnesorganen mit bestimmt wird: • fehlender Bodenkontakt: Sinneseindruck durch die Haut der Fußsohlen fehlt; auf einem Bein stehen: nur ein Fuß gibt die Sinneseindrücke wieder; geschlossene Augen: die Orientierung an der Umgebung fehlt; Arme an den Körper legen: Sie können nicht mehr helfen, das Gleichgewicht beim Balancieren auszupendeln.	Glas mit Deckel, Wasser Federkissen, Kreide, Springseil	<u>Übung:</u> Sich schnell im Kreis drehen und dann über einen Strich laufen. AB *Daraus besteht dein Ohr*

Haut

Station	Lernziele (LZ)	Material	Hinweise
15 Wir untersuchen die Haut	• Entdecken der Haut (Felder mit Härchen und Poren, Rillen und Leisten an den Fingerkuppen, Elastizität und Dicke der Haut) • Erkenntnis, dass der Aufbau von Haaren und Nägeln dem der Haut entspricht	Lupe Lexikon, Nagelfeile, Gesundheitsheft	Einmaligkeit von Fingerabdrücken: Ermittlung von Straftätern
16 Die Haut ist ein Sinnesorgan Die Haut regelt deine Körper-temperatur	• Kenntnis über Reizaufnahme durch die Haut; Entdeckung der Sinneskörperchen • Kenntnis der Schutzfunktion von Kleidung (gegen Überhitzung) • Kenntnisse über geeignete Sportkleidung erwerben	Nadel Fieberthermometer, Plastiktüte, Stoffreste, Glas, Wasser, Sportkleidung mit Pflegeetiketten, Kopfbedeckungen, Schüssel, Wasser	Tastübungen mit Buchstaben/Bildern aus Sandpapier AB *Sportkleidung* Versuch zum Wärme-empfinden: linke Hand in Wasser von 10 °C, rechte in 50 °C, dann beide in 30 °C
17 Haut muss ge-pflegt werden! Haut kann krank werden	• Kenntnisse über Hautpflege • Untersuchung von Duschgels auf Hautfreundlichkeit • Kenntnisse über Hautkrankheiten und Hilfen	Gesundheitsheft verschiedene Dusch-gels Ringelblumenblüten, Topf, Schweineschmalz kleine Tiegel	Hautpflegeprodukte und -geräte ausstellen; Funktion erklären (z. B. Feile, Massagebürste) AB *Ringelblumensalbe herstellen*
18 Woher kommt die Hautfarbe? Sonnenschutz-cremes testen	• Kenntnisse über Hautfärbung • Kenntnis des eigenen Hauttyps • Sonnenschutzcremes auf Verträglichkeit für die eigene Haut testen	verschiedene Sonnenschutzcremes Gesundheitsheft	AB *Sonnenschutz* Kinder verantwortlich am Mitbringen von Sonnenschutzcremes beteiligen

Der Einsatz der Karteikarten eignet sich im Sommer am besten, weil die Thematik Sonnenschutzmittel dann am dringendsten ist.

Nase

Station	Lernziele (LZ)	Material	Hinweise
19 Was tun bei Nasenbluten? Wie entsteht Nasenbluten?	• Richtiges Verhalten bei Nasenbluten erlernen und begründen • Ursachen des Nasenblutens • Tipps aufschreiben oder malen	Waschlappen, kaltes Wasser, Gesundheitsheft	Anschluss: Karte 25
20 Wozu dient der Geruchssinn? Die Nase warnt vor Gefahren (1)	• Schätzung des Geruchssinnes als Warnsystem • Unterscheidung zwischen beißenden/stechenden und angenehmen Gerüchen • Adjektive Gerüchen zuordnen • Redewendungen zum Riechen und zum Schmecken interpretieren und mimisch darstellen	Spiritus, Benzin, Zitronenöl, Parfum Rosenöl, Eukalyptus, Holzkohle, Käse	AB *Redensarten zum Riechen/Schmecken*
21 Die Nase warnt vor Gefahren (2)	• Regeln zur Prävention von Unfällen mit gefährlichen Flüssigkeiten (keine neutralen Flaschen, Zugangserschwernis) aufstellen • Kenntnis der Gefahrenzeichen – Piktogramme zeichnen	leere Flaschen von Spül- oder Putzmitteln Gesundheitsheft	Geschichte erzählen: Kleines Kind hat Putzmittel getrunken, weil es in neutraler Flasche war
22 Meine Nase ist verstopft	• Ursachen und Hilfen für verstopfte Nasen und Gefährdung des Riechsinns • Wissen um die Gefährdung durch Nasentropfen auf der Grundlage der Beipackzettel • Hausmittel gegen Schnupfen zubereiten • Zusammenhang zwischen verstopfter Nase und mangelndem Geschmacksvermögen • Redewendungen interpretieren und mimisch darstellen	Ausstellung verschiedener Nasentropfen; Beipackzettel; Taschentücher Kamillenblüten, Schüssel; Esslöffel, heißes Wasser, Handtuch Nasenklammer (Nase zu-halten), Apfel, Kohlrabi, Kartoffel	Weitere Pflegemöglichkeiten für die Nase sammeln Versuche zum Schmecken

Station	Lernziele (LZ)	Material	Hinweise
23 So schützt du dich vor Erkältung und Schnupfen	• Kenntnis der Verhaltensweisen zur Prävention vor Erkältung (Tipps aufschreiben) • Hausmittel gegen Erkältung zubereiten	Gesundheitsheft Zitrone, Messer, Zitronenpresse, heißes Wasser, Teelöffel, Honig	AB *Hilfe bei Erkältung* Nasendusche in der Apotheke kaufen und mit Salzwasser spülen
24 Ich muss niesen	• Ursachen für die Reizung der Nase (Niesen) kennen • Hausmittel gegen Niesen ausprobieren • Versuch mit Pfeffer durchführen	Apfelessig; Watte; warmes Wasser Pfeffer	Versuch mit Pfeffer bei empfindlichen Kindern vermeiden
25 Nasenpflege, aber wie?	• Wissen um Gefahren für die Nase • Gründe für die trockene Nase erkennen • Hausmittel gegen die trockene Nase kennen und ausprobieren • Gefahren beim Umgang mit kochendem Wasser kennen	Hygrometer, feuchte Tücher oder Schale mit Wasser Inhalator, Heilpflanzenöl, Wasserkocher	Ablesen des Hygrometers üben Evtl. Karte "Erste Hilfe bei Verbrühung"
26 Wie funktioniert der Riechsinn?	• Gewöhnungseffekt beim Riechen (Kenntnis über den Vorteil dieses Effekts für manche Berufe) • Herstellung einer Duftkerze • Überprüfung des Feuchtigkeitsgehalts der Atemluft	Teelichter Duftöl Spiegel	Vorsichtsmaßnahmen zur Vermeidung einer Stichflamme Chefprinzip bei dieser Station 26 beachten.

Atmung

Station	Lernziele (LZ)	Material	Hinweise
27 Wir entdecken unseren Atem	• Aktivierung von Vorerfahrungen der Kinder • Beobachtungen: Spiegel beschlägt, Watte wird durch Atemluft bewegt, Luftballon macht das Luftvolumen sichtbar, im Strohhalm wird der Luftstrom beschleunigt, was ein Geräusch verursacht. • Schnarchen: Kenntnis des Gaumensegels durch Betrachtung des Rachens im Spiegel	Spiegel, Watte, Luftballon Strohhalm, Flüstertüte Strohhalm, Spiegel	Eingangsgespräch Rätsel: Was ist das? Es ist unsichtbar, nicht zu hören oder zu fühlen, aber wir können ohne es nicht leben. Die Kinder sollen zuerst selbstständig mit Hilfe der Materialkiste Möglichkeiten suchen und ausprobieren, ihren Atem sichtbar, fühlbar und hörbar zu machen. Dann erst Karten einsetzen!
28 Warum atmen wir? Womit atmen wir?	• Funktion der Atmung und Abhängigkeit des Menschen von der Luft • Luftundurchlässigkeit bestimmter Materialien; Erstickungsgefahr • Nasenatmung als gesünder als Mundatmung erkennen • Bewusstes Training der Nasenatmung bis zur Automatisierung	Butterbrotbeutel oder Frischhaltefolie Taucherbrille mit Schnorchel; Plastiktüte, Gummiband; Desinfektionslauge	**zusätzlicher Versuch:** Die Kinder setzen eine Taucherbrille mit Schnorchel auf, legen eine aufgeblasene Plastiktüte um den Schnorchel und binden diese mit einem Gummiband luftdicht ab. Sie atmen Luft durch den Schnorchel ein und durch die Nase wieder aus, bis sie das Gefühl haben, keine Luft mehr zu bekommen.
29 Wie funktioniert die Atmung? Damit schadest du der Atmung!	• Weitung des Brustkorbs beim Atmen • Messen mit dem Maßband und Protokollierung der Ergebnisse • Bildbetrachtung: Beeinträchtigung der Atmung durch das Quetschen innerer Organe (ungenügende Atmung als Ursache von Ohnmacht erklären können)	Maßband, Gesundheitsheft Zur Betrachtung der Lunge: Modell der Lunge oder Torso einsetzen. Karte 34: Grafik Lunge	Die Kinder suchen Beispiele (enge Kleidung, falsches Sitzen, …), die die Ausdehnung des Brustkorbs verhindern.

Station	Lernziele (LZ)	Material	Hinweise
30 Atmen in verschiedenen Situationen	• Durch Versuche erkennen, dass man bei Belastung schneller und häufiger atmet und das Herz schneller schlägt • Das Messen mit der Uhr trainieren.	Uhr mit Sekundenzeiger Gesundheitsheft	
31 Luft anhalten beim Tauchen	• Erkennen, dass Luft nach dem Einatmen besser und länger angehalten werden kann als nach dem Ausatmen • Phänomen des Auftriebs luftgefüllter Körper; Messen üben	Stoppuhr oder Uhr mit Sekundenzeiger Glaswanne, Wasser, 2 Luftballons;	Die Kinder sollen zuerst Situationen beschreiben, in denen es nötig ist, die Luft anzuhalten (tauchen; bei schädlichen Gasen etc.)
32 Luftnot bei Anstrengung Luftnot bei Angst	• Entstehen von Luftnot verstehen und deutlich machen können • Kenntnis und Training einfacher Atemübungen zur Behebung von Luftnot	Buch	Erklären, dass fehlende körperliche Fitness schnell zu Atemnot führt
33 Luftnot beim Verschlucken Hilfe beim Verschlucken	• Ursachen für Verschlucken, Hilfestellungen		AB *Ich habe mich verschluckt*
34 Luftnot bei Asthma	• Dekodierung des Bildes der Lunge und Beschreibung des Weges der Atemluft • Ursache von Asthma und einfache Übungen zur Unterstützung des Ausatmens		
35 Luftnot bei schlechter Luft in der Klasse Luftnot verursacht durch Qualm	• Bekämpfung von Müdigkeit durch Zufuhr frischer Luft • Wissen, dass man mit Qualm Schmutzteilchen einatmet, die der Lunge schaden. • Erklären, dass bei Bränden unsichtbares, tödliches Kohlenmonoxyd entsteht	Teelicht, Streichhölzer, Glasschale	Gemeinsames tiefes Atemholen in der Klasse Gähnen als Zeichen für fehlende Frischluft (Prävention durch regelmäßiges Lüften und Atemübungen)

Verdauung

Station	Lernziele (LZ)	Material	Hinweise
36 Ich kaue die Nahrung	• Langsames und gründliches Kauen zur Förderung der Verdauung • Speichel erleichtert den Schluckvorgang	Apfel, Eierbecher, Paniermehl, Gesundheitsheft	Achtung: meist lässt sich das Paniermehl nicht durchspeicheln und muss ausgespuckt werden. Schüssel bereitstellen!
37 Es schmeckt mir!	• Vier Geschmacksgrundarten durch einen Versuch herausfinden und auf dem AB lokalisieren • Lösung: Geschmackszonen der Zunge im Uhrzeigersinn, oben beginnend: bitter, sauer, salzig, süß, salzig, sauer	4 kleine Gläser, Zucker, Salz, Zitronensaft, Bittermandelöl, Wattestäbchen, Teelöffel	AB *Es schmeckt mir!*
38 Mir läuft das Wasser im Mund zusammen	• Ursachen des Speichelflusses verstehen		Auch bei Übelkeit entsteht Speichelfluss.
39 Iiih – Mundgeruch!	• Ursachen von Mundgeruch und Verhaltensweisen zur Vorbeugung nennen können	Gesundheitsheft	Anstelle von PA evtl. EA: in die um den Mund geschlossenen Hände atmen.
40 Ich habe einen Schluckauf So entsteht Schluckauf	• Ursachen von Schluckauf kennen • Verhaltensweisen zur Bekämpfung von Schluckauf • Luft anhalten als gemeinsames Merkmal zur Beendigung eines Schluckaufs erkennen	Glas, Wasser, Gesundheitsheft	
41 Ich muss aufstoßen	• Ursachen von Aufstoßen kennen • Gründe dafür ins Gesundheitsheft schreiben	Torso, Flasche mit Mineralwasser, Gesundheitsheft	Luft schlucken und wieder aufstoßen lassen

Station	Lernziele (LZ)	Material	Hinweise
42 Mein Magen knurrt	• Ursachen des Magenknurrens kennen • Hörgerät bauen und damit Magen abhorchen	40 cm Schlauch, Trichter	
43 Mir ist schlecht Tipps gegen Übelkeit	• Ursachen von Übelkeit • Verhaltensweisen zur Bekämpfung von Übelkeit • Tipps ins Gesundheitsheft schreiben	Torso, Gesundheitsheft, Heißwasserkocher, Pfefferminztee	Tipp ausprobieren
44 Ich habe Magenschmerzen	• Ursachen von Magenschmerzen kennen • Verhaltensweisen zur Bekämpfung von Magenschmerzen	Torso, Gesundheitsheft, Wasserkocher, Fencheltee, Kamillenblütentee	Tipp aussuchen und ausprobieren
45 Ich habe Bauchschmerzen Wie erkenne ich Blinddarmreizung?	• Ursachen von Bauchschmerzen kennen • Zeichen einer Blinddarmreizung erkennen	Wollknäuel, Metermaß, Torso, Gesundheitsheft, Buntstifte	AB *Der Bauch-Torso*
46 Ich habe Verstopfung Tipps bei Verstopfung	• Ursachen von Verstopfung kennen • Gesundes Pausenbrot zusammenstellen • Tipps ins Gesundheitsheft schreiben	Torso, Gesundheitsheft	
47 Ich habe Durchfall Wie Darm und Speiseröhre die Nahrung befördern	• Ursachen von Durchfall kennen • Erklären, dass zirkulär angeordnete Muskelfasern sich ringförmig einschnüren und dazu • Versuch zur Darmperistaltik durchführen	Torso, Gesundheitsheft, Kugel oder Tischtennisball, Schlauch/Strumpf	Verhaltensweisen bei Blähungen

Zähne

Station	Lernziele (LZ)	Material	Hinweise
48 So putzt du deine Zähne richtig Warum sollst du von rot nach weiß putzen?	• Gebisspflege als Vorbeugung von Zahn- und Munderkrankungen durchführen (1) • Zeitpunkt und Dauer der Zahnpflege verstehen (2) • Zahnputztechnik verstehen, indem der Versuch auf die Bürsttechnik übertragen wird • Aufbau des Zahns und Entstehung von Karies kennen	Zahnbürste, Zahnpasta, Zahnputzbecher, Wasser Kamm, Watte, Zahnbürste	Zahnputztechnik über einen längeren Zeitraum nach dem Pausenfrühstück trainieren. Dauer mit Sanduhr kontrollieren AB *Du hast verschiedene Zähne*
49 Warum sollst du die Zähne 3 mal am Tag putzen? Warum benutzt du Zahnpasta?	• Notwendigkeit des Zähneputzens einsehen • Versuch mit Zahnpasta durchführen • Erklären, dass die Bläschenbildung anzeigt, dass Essig (Säure) die Eischale (Zahnschmelz) zerstört	Marmeladenglas; Reste vom Pausenfrühstück 2 Behälter, 2 Eier, Zahnpasta, Essig	Karteneinsatz zeitgleich zum Besuch des Schulzahnarztes Hinweis auf Nutzen fluoridhaltiger Zahncremes

Zu 1 Auch den Wechsel der Zahnbürste wenigstens alle 3 Monate sollte thematisiert werden sowie die stehende Aufbewahrung im Glas, damit die Borsten nicht geknickt werden. Die Kinder sollten auch auf regelmäßigen Zahnarztbesuch hingewiesen werden, zumal dieser von der Krankenkasse gefördert wird.

Zu 2 Nicht nur die Häufigkeit des Putzens ist von Bedeutung, sondern vor allem der Zeitpunkt des Putzens. Dieser sollte **nach** jeder Mahlzeit erfolgen, also nicht vor, sondern **nach** dem Frühstück!

Zahncreme besteht hauptsächlich aus 4 Stoffen: Putzstoffe scheuern die Beläge weg; Füllstoffe machen die Zahnpasta cremig; Wirkstoffe stärken das Zahnfleisch und Zusatzstoffe sorgen für guten Geschmack. Fluoride bewirken einen zusätzlichen Schutz der Zähne, sie sollten unbedingt enthalten sein.

Versuch: Die Eischale ist ähnlich wie der Zahnschmelz aufgebaut. Der Essig stellt im Versuch die Säure aus der Nahrung dar. Dadurch können Parallelen aufgezeigt werden, dass Zahnpasta einen Schutz vor dem Angriff der Säure bietet.

Bewegung/Skelett

Station	Lernziele (LZ)	Material	Hinweise
50 Kennst du dein Knochengerüst?	• Verständnis für anatomische Fakten zeigen • Gefahrensituationen für das Skelett kennen • Funktion des Knochengerüsts als Stütze und Schutz der Organe verstehen	Modell Skelett, Modell Torso, Röntgenbilder, Gesundheitsheft	AB *Das Skelett* Bastelbogen Skelett: Teile ausschneiden, mit Musterklammern zusammenfügen
51 Wozu dienen Gelenke? Bist du gelenkig?	• Funktion der Gelenke kennen • Probleme von Behinderten • Beweglichkeit am eigenen Körper erproben/ die Erhöhung der Gelenkbeweglichkeit durch Übung erkennen	Holzstab, Binde Gesundheitsheft, Kältekompressen zum Ausprobieren	AB *Das Skelett* Kinder berichten, wie sie durch Training (z. B. Ballett) gelenkiger wurden
52 Warum kannst du aufrecht gehen? Warum hat die Wirbelsäule die Form eines doppelten S?	• Funktionen der Wirbelsäule (gerade Haltung, Beweglichkeit) kennen • Belastungsproben mit verschiedenen Drähten; S-förmige Krümmung als Belastbarkeitsgrundlage am Modell erkennen • Überbelastung als Ursache für Gelenkschmerzen erkennen, Hilfen nennen	Holzplatte; Handbohrer; Drähte; Kordel; Gewichte	AB *Die Wirbelsäule* Herstellen des Modells durch Kinder, die damit zu „Chefs“ der Station werden, an die Mitschüler Fragen stellen können
53 Wozu dienen die Bandscheiben in der Wirbelsäule? So viel darf dein Schulranzen wiegen	• Wirbelsäule fängt Stöße und Erschütterungen auf • Bandscheiben puffern Wirbel ab (Modell) • Zu schweren Schulranzen als Ursache für Haltungsschäden (Abstimmung über Verringerung des Gewichts) verstehen	Holzplatte; Holzspieß oder Draht; Holzscheiben mit Bohrung in Mitte; Schaumstoffscheiben Waage; Schulranzen der Kinder	Herstellung des Modells: s. o. „Chefprinzip“ Anderen Kindern die Funktion erklären vertieft das Verständnis dafür.
54 Die Wirbelsäule kann sich verformen Trägst du deinen Schulranzen richtig?	• Schwachpunkte der Wirbelsäule kennen • Falsche Tragegewohnheiten des Schulranzens als Ursache für Haltungsschäden erkennen • Merkmale der korrekten Belastung durch den Schulranzen kennen (ins Gesundheitsheft schreiben, Haltegurte des Ranzens anpassen)	Schulranzen der Kinder; Gesundheitsheft	Zuordnung Bild – Information Beim Einkauf Gewichtsverteilung auf 2 Tüten; beidseitiges Tragen

Station	Lernziele (LZ)	Material	Hinweise
55 So schonst du deine Wirbelsäule beim Heben So trainierst du deine Wirbelsäule	• Falsches Heben von Gewichten belastet Bänder, Wirbel, Bandscheiben, Muskulatur und fördert Rückenschmerzen • Stehen im Hohlkreuz überlastet untere Wirbelsegmente • Förderung gewohnheitsmäßig rückengerechten Verhaltens durch ständiges Überprüfen des richtigen Hebens und Gehens in der Klasse	Milchkasten; Kehrschaufel und Handfeger Buch; großer Spiegel	Erinnerung an korrektes Heben beim Holen des Milchkastens und auf der Liste der Klassendienste
56 So schonst du deine Wirbelsäule beim Sitzen	• Prävention von Haltungsschäden durch richtig angepasste Schulmöbel • Richtige Sitzhaltung erlernen und trainieren • Kriterien zum rückengerechten Sitzen an Tisch und Stuhl überprüfen und anwenden	Keilkissen; verschiedene Tische und Stühle aus dem Klassenraum; Gesundheitsheft (richtige Sitzhaltung malen)	Schlechte Sitzmöbel: Hausmeister/Rektor benachrichtigen; Brief an Träger
57 So sitzt du richtig auf dem Sitzball So bewegst du dich auf dem Sitzball	• Prävention von Haltungsschäden durch den Sitzball (ermöglicht Dynamik beim Sitzen durch Ausbalancierung des Gleichgewichts, das die Bandscheiben im rhythmischen Wechsel be- und entlastet)	Sitzball (Anschaffung auf einem Elternabend klären)	Bälle über Krankenkassen und Sport- oder Sanitätsgeschäft erhältlich.
58 Rückengymnastik im Sitzen	• Erkennen, dass langes Sitzen schädlich ist • Dauersitzen in der Schule unterbrechen durch Übungen für die Hals- und Brustwirbelsäule		Bewegungsphasen bereits nach 15-minütigem Sitzen
59 Rückentraining für die Pause	• Spaß an gesunden Bewegungsformen entdecken trotz Anstrengung • Rückenschulung täglich in den Schulalltag integrieren und dadurch gesunde Gewohnheiten entwickeln • Bewegung als Unterstützung des Knochenaufbaus.		Vertiefung im Sportunterricht; rückenfreundliche Sportarten: Gymnastik, Schwimmen, Radfahren (mit gut eingestelltem Lenker)

Station	Lernziele (LZ)	Material	Hinweise
60 Erste Hilfe bei Verbrennungen und Prellungen Erste Hilfe bei Verstauchungen	• Notwendigkeit des Kühlens von Verbrennungen (nur bei Verbrennungen 1. Grades – Hautrötung) und Prellungen (mindestens 20 Minuten) kennen • Anlegen eines elastischen Verbandes üben • Gefahren im Haushalt thematisieren	Eis, Plastiktüte, Hammer elastische Binde	Ausstellung von Hilfsmitteln für 1. Hilfe-Tasche: steriler Brandwundenverband, Heparinsalbe/ essigsaure Tonerde zum Abschwellen
61 Erste Hilfe bei Insektenstichen Erste Hilfe bei Hundebissen	• Vermeidung von Insektenstichen • In der Apotheke erfragen lassen, welche Mittel es zum Schutz vor Insekten gibt • Infektionsgefahr bei Hundebissen kennen und um die Notwendigkeit des Arztbesuches wissen • Hundebisse nur selbst behandeln, wenn die Wunden *nicht* bluten	Zwiebel, Tuch, Salz, Essig/Zitrone Seife, Wasser	Mückenspray Desinfektionsmittel
62 Notruf durchführen	• Notwendige Informationen bei einem Notruf geben können • Notruf in verschiedenen Situationen üben	2 alte Telefone, Notruf-Nummer	Notruf-Bedingungen in Telefonzelle durchspielen
63 Erste Hilfe bei Schnittwunden	• Anlegen eines Pflasters allgemein • Anlegen von Pflastern an Ellenbogen und Fingerkuppen üben	Pflaster aus alten 1-Hilfe-Kästen aus dem Auto, Schere	Benennung von Situationen mit Verletzungsgefahr Äthylalkohol als Desinfektionsmittel
64 Erste Hilfe bei einem Fremdkörper im Auge Erste Hilfe bei einem Splitter im Finger	• Tipp lesen und aufschreiben • Umgang mit Pinzette üben • Nadel sterilisieren können	Gesundheitsbuch	Wegen Verletzungsgefahr nicht von Kindern durchführen lassen

	Name	Datum

Daumenkino

Male die Dinosaurier an, schneide die einzelnen Kärtchen aus, lege sie in der richtigen Reihenfolge übereinander und hefte sie zusammen.

	Name	Datum

Beobachten trainieren

Trainiere das genaue Betrachten! Kreise ein, was sich unterscheidet!

Lösung (v. l. n. r.): Fisch, Blumentopf, Schere, Schulranzen, Papierbogen, Stifte, Gießkanne, Papierbogen, Mülleimer, Heft.

	Name	Datum

Hörtest

Beantworte die Fragen. Trage die Punktzahl der Antwort in das Kästchen ein! Addiere am Ende die Punkte. Schau in der Auswertung nach, wie gut du hörst!

Nr.	Frage	ja		nein		manchmal	
1.	Hast du Mühe, deinen Nachbar zu verstehen, wenn es laut in der Klasse ist?	6		0		3	
2.	Hörst du manchmal das Telefon nicht?	4		0		0	
3.	Verstehst du deinen Gesprächspartner beim Telefonieren?	4		0		3	
4.	Hörst du bei gutem Wetter besser als bei schlechtem?	4		0		0	
5.	Beschwert sich deine Familie öfter, dass du den Fernseher zu laut stellst?	6		0		3	
6.	Kannst du das Zwitschern der Vögel draußen hören?	0		2		1	
7.	Hast du schon einmal ein herannahendes Auto erst ganz spät gehört?	4		0		0	
8.	Hast du im Kreis Schwierigkeiten, dem Gespräch zu folgen?	6		0		3	
9.	Sitzt du in der Klasse lieber in der 1. Reihe?	6		0		3	
10.	Überhörst du manchmal die Türklingel?	4		0		2	
11.	Findest du, dass viele Klassenkameraden undeutlich sprechen?	6		0		3	
12.	Kannst du dich auf einem lauten Kindergeburtstag gut unterhalten?	0		6		2	
	Summe:						

Auswertung: ☐ Punkte. Was bedeutet das für dich? Schreibe es auf!

Auswertung des Hörtests:

Anzahl Punkte	Ergebnis
0 Punkte	Du hast ein sehr gutes Gehör.
1 bis 6 Punkte	Du kannst mit deinem Gehör zufrieden sein, auch wenn es nicht ganz funktioniert.
7 bis 17 Punkte	Dein Gehörsinn ist leicht eingeschränkt. Lass bei einem Ohrenarzt einen Hörtest machen!
18 bis 36 Punkte	Du hast einen Teil deiner Hörfähigkeit verloren. Geh gleich zu einem Ohrenarzt!
über 36 Punkte	Dein Gehör ist sehr schlecht. Mit einem Hörgerät kann der Ohrenarzt dir helfen!

	Name	Datum

Daraus besteht dein Ohr!

Ordne den Begriffen die jeweils richtige Nummer zu.
Du brauchst dazu die Karten Nr. 11, 13, 14.

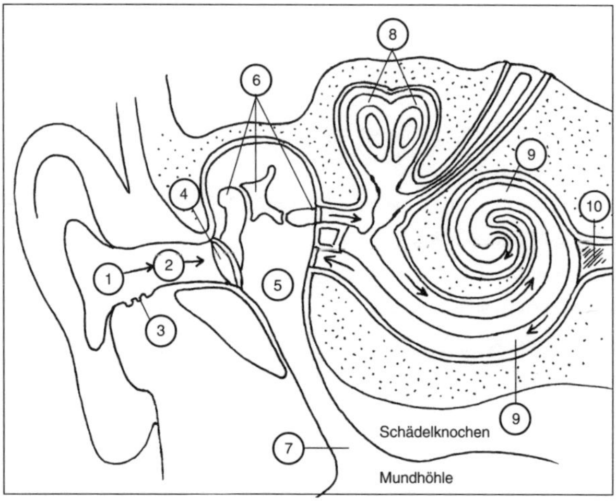

- ◯ Schnecke
- ◯ Gehörknöchelchen
- ◯ Ohrschmalzdrüse
- ◯ Gehörgang
- ◯ Hörnerv
- ◯ Bogengänge
- ◯ Ohrtrompete
- ◯ Ohrmuschel
- ◯ Trommelfell
- ◯ Paukenhöhle

Lösung

Außenohr
1. Ohrmuschel
2. Gehörgang
3. Ohrschmalzdrüse
4. Trommelfell

Mittelohr

5. Paukenhöhle
6. Gehörknöchelchen
7. Ohrtrompete

Innenohr

8. Bogengänge
9. Schnecke
10. Hörnerv

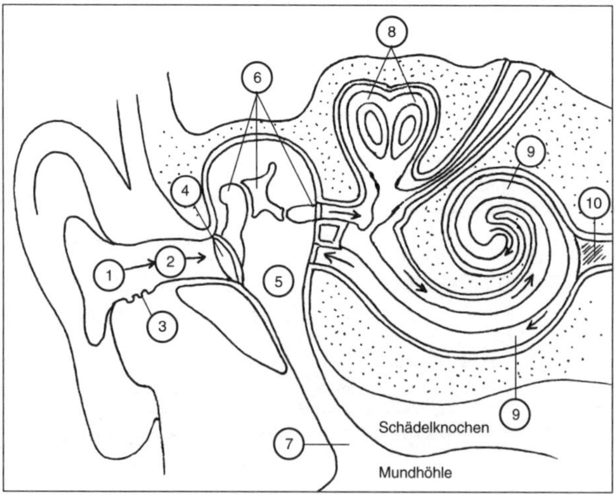

	Name	Datum

Ringelblumensalbe herstellen

Du brauchst:
- Blüten von Ringelblumen
- Schmalz

- alte, saubere Schminktöpfchen

So geht's:
Blüten waschen und trocken tupfen.
Blüten klein rupfen.
Schmalz in einem großen Topf auf dem Herd schmelzen, Blüten hineingeben und einen Schulvormittag lang bei keiner Hitze sieden lassen. Häufiger umrühren!
Den Sud durch ein Sieb laufen lassen.
Creme in die Töpfchen füllen und kalt werden lassen.

Ringelblumensalbe hilft nicht nur bei Warzen. Sie eignet sich auch für Wunden. Dünn auftragen! Rissige Hände und Füße werden mit Ringelblumensalbe wieder weich und glatt. Über Nacht dick auftragen! Die Bettwäsche wird vor Fettflecken geschützt, wenn du Handschuhe und Socken anziehst.

Kann eure Sportkleidung Schweiß gut aufsaugen?

Bringt Stoffreste von zu Hause mit in die Schule. Untersucht sie!
- Wie fühlen sie sich an: weich, rau, glatt, kratzig, locker, fest, dick, dünn
- Aus welchem Material sind sie hergestellt?
- Untersucht die Stoffreste, ob sie gut Wasser aufsaugen. Schneidet jeweils einen Streifen ab!
- Hängt sie in ein Glas! Füllt es halb mit Wasser!
- Prüft an den über dem Glasrand hängenden Teilen, ob das Wasser von dem Stoff hochgesaugt worden ist!
- Tragt eure Ergebnisse in die Tabelle ein!

Material:				
Saugfähig? Trage Ja oder Nein ein:				

- Vergleicht die Stoffreste mit euren Sportsachen. Ordnet gleiche Stoffe einander zu! Sind die Sportsachen aus saugfähigem Material?

Welches Material ist für Sportkleidung geeignet, weil es saugfähig ist?
Achtet beim Einkauf neuer Sportkleidung auf dieses Material!

	Name	Datum

Sonnenschutz

- Mein Hauttyp: ____________________

- So lange darf ich ungeschützt in der Sonne bleiben: ____________________

  - Mit LSF 4 darf ich ________ Minuten in die Sonne
  - Mit LSF 6 darf ich ________ Minuten in die Sonne
  - Mit LSF 8 darf ich ________ Minuten in die Sonne
  - Mit LSF 12 darf ich ________ Minuten in die Sonne
  - Mit LSF 15 darf ich ________ Minuten in die Sonne
  - Mit LSF 20 darf ich ________ Minuten in die Sonne

Wir testen Sonnenschutzcremes: Kreuze an!

Name:	Creme zieht gut ein	Creme zieht nicht gut ein	Creme riecht gut	Creme riecht nicht gut	LSF	Preis

	**Name**	**Datum**

Hilfe bei Erkältung

Was tun bei Erkältung? Ordne die Bilder den Sätzen richtig zu!
Wenn du richtig zugeordnet hast, ergibt sich ein Wort mit 10 Buchstaben.

1. Du spürst ein Kratzen im Hals und willst ihn schützen. ☐
2. Du hast Fieber und musst dich schonen. ☐
3. Du hustest seit Wochen und brauchst Hilfe. ☐
4. Du hast Schnupfen und willst ihn lindern. ☐
5. Du hast leichte Halsschmerzen und linderst sie mit einem Getränk. ☐
6. Du musst dich oft räuspern. ☐
7. Du hast hohes Fieber und willst es senken. ☐
8. Dir läuft die Nase und du willst niemand anstecken. ☐
9. Du weißt, was schädlich für die Nase ist. ☐
10. Du hast eine trockene Nase und willst sie befeuchten. ☐

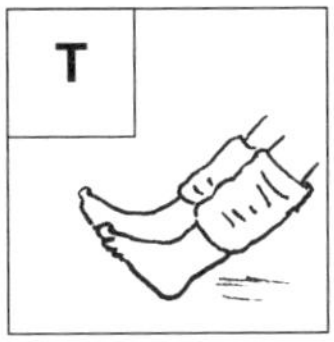

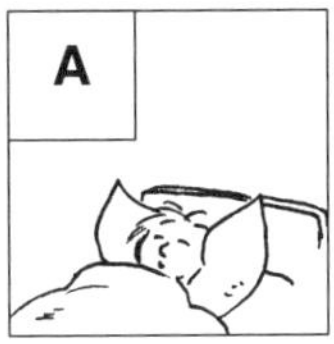

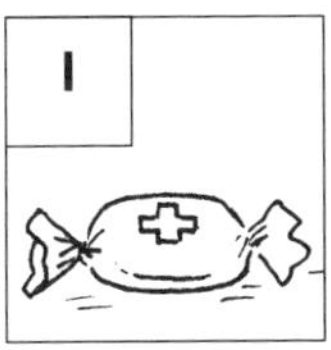

Lösung: _ _ _ _ _ _ _ _ _ _ gegen Erkältung

Lösung: Hausmittel

	Name	**Datum**

Ich habe mich verschluckt

Zeichne die Stellung des Kehlkopfdeckels ein.

Atmen

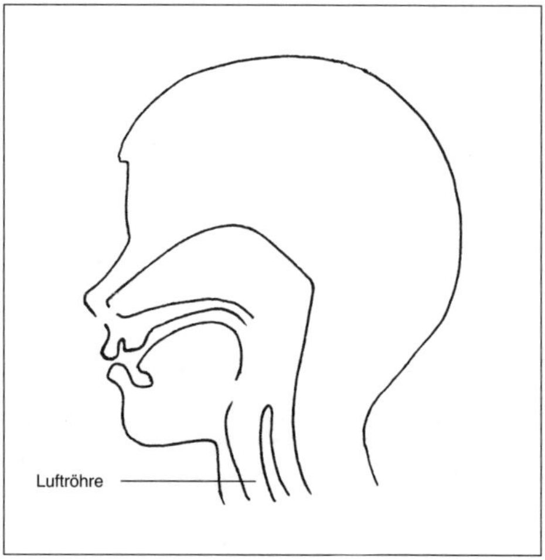

Schlucken

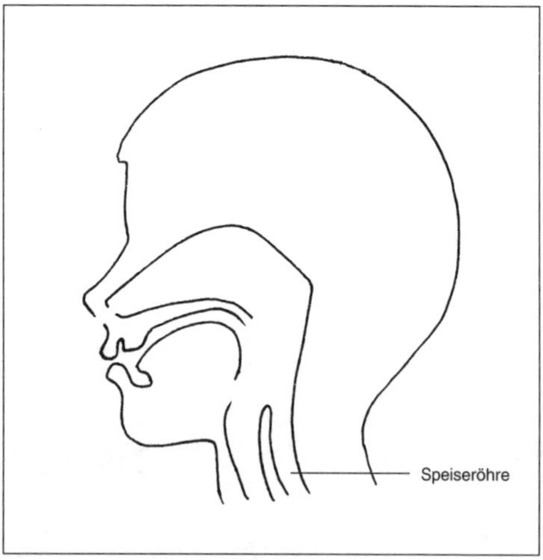

Zeichne die Stellung des Gaumensegels beim Schlucken ein!
Zeichne den Weg des Atems mit blau und den der Nahrung mit rot ein!

	Name	Datum

Es schmeckt mir!

Was schmeckst du an den Zonen der Zunge?
Trage ein!

süß

sauer

salzig

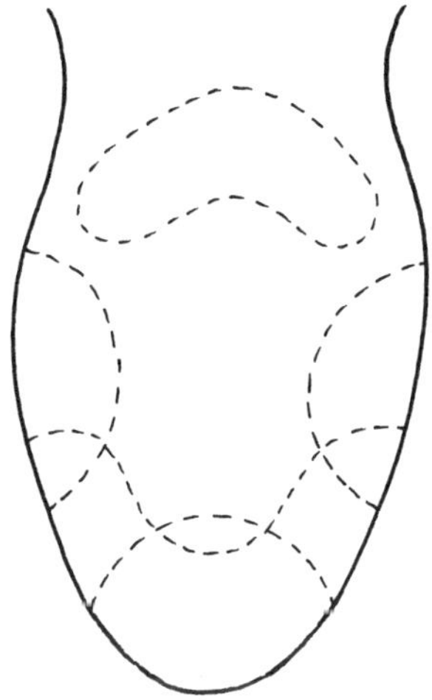

Der Bauch-Torso

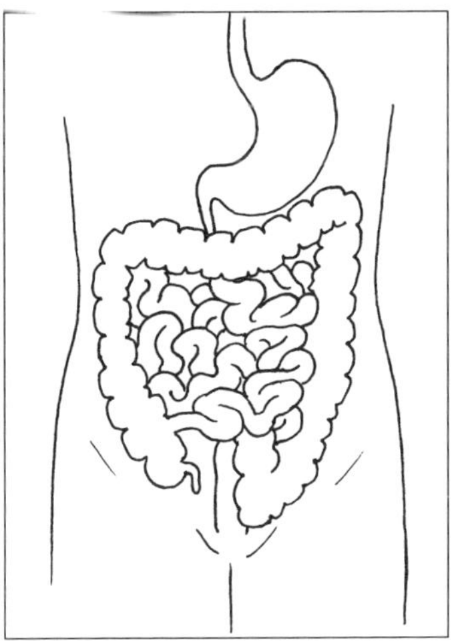

	**Name**	**Datum**

Du hast verschiedene Zähne

Du hast 3 verschiedene Zahnformen.
Welche Aufgabe haben sie?

Beiß ein Stück von einem Apfel!
Welche Zähne brauchst du dazu?

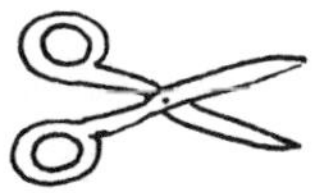

Kaue einen Bissen von deinem Frühstücksbrot!
Welche Zähne benutzt du jetzt?

Zeichne Pfeile vom Zahn zum passenden Werkzeug!

Wie heißen die Zähne?
Trage sie richtig ein!

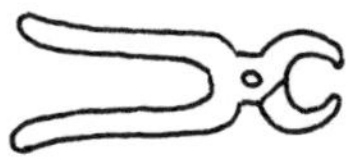

Schneidezähne	Backenzähne	Eckzähne

__________________ zähne haben scharfe Kanten. Sie dienen zum Abbeißen.

__________________ zähne haben eine Spitze. Damit zerreißt du Nahrung.

__________________ zähne haben breite Kauflächen. Sie zermahlen die Nahrung.

	Name	Datum

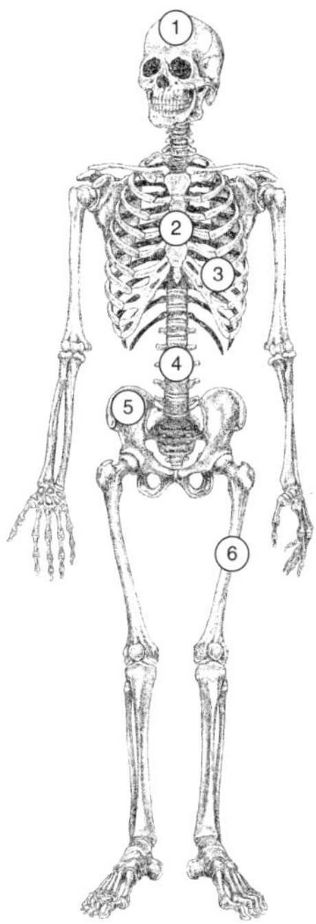

Das Skelett

Kennst du das Knochengerüst?

◯ ______________________________

◯ ______________________________

◯ ______________________________

◯ ______________________________

◯ ______________________________

◯ ______________________________

Trage die wichtigsten Knochen ein: Schädel – Brustbein – Beckenknochen – Oberschenkelknochen – Wirbelsäule – Rippen

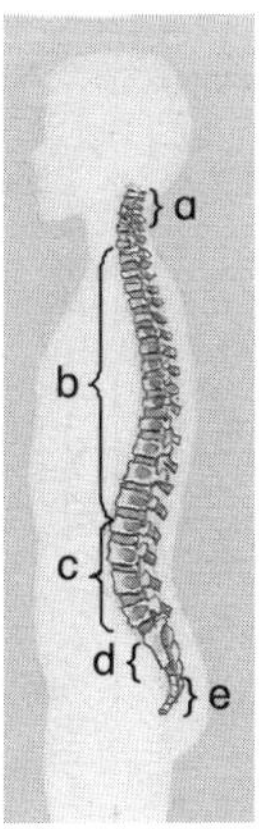

Die Wirbelsäule

Schreibe die Namen der Teile der Wirbelsäule auf die Linien!

a ______________________________

b ______________________________

c ______________________________

d ______________________________

e ______________________________

Name

Datum

Redensarten zum Sehen

Lies die Redensarten und sprich mit deinem Partner darüber, was sie bedeuten!

- Man durchbohrt jemanden mit seinen Blicken.
- Ich traue meinen Augen nicht!
- Er kann sie nicht aus den Augen lassen.
- Sie hat alles im Blick.
- Er verliert den Überblick.
- Man sieht den Wald vor lauter Bäumen nicht.
- Vier Augen sehen mehr als zwei.
- Er hat alles im Auge.
- Im Märchen heißt es: „Hüte ihn wie deinen Augapfel!“

Sucht weitere Redewendungen!

Redensarten zum Riechen

Lies die Redensarten und sprich mit deinem Partner darüber, was sie bedeuten!

- Das stinkt mir!
- Er ist verschnupft.
- Ich kann ihn nicht riechen!
- Sie steckt in alles ihre Nase rein!
- In der Familie herrscht dicke Luft.
- Er soll verduften!
- Er ist rotzfrech.
- Sie ist naseweis.

Sucht weitere Redewendungen!

Redensarten zum Hören

Lies die Redensarten und sprich mit deinem Partner darüber, was sie bedeuten!

- Diese Musik ist ein Ohrenschmaus!
- Er hat Bohnen in den Ohren.
- Der Schlager ist ein Ohrwurm!
- Er stellt seine Ohren auf Durchzug.
- Sie wurde übers Ohr gehauen.
- Er ist noch grün hinter den Ohren!
- Leihe mir dein Ohr!
- Ich bin ganz Ohr.

Sucht weitere Redewendungen!

Redensarten zum Schmecken

Lies die Redensarten und sprich mit deinem Partner darüber, was sie bedeuten!

- Ich bin sauer!
- Das ist Geschmackssache!
- Ich habe dich zum Fressen gern!
- Er muss in den sauren Apfel beißen.
- Sie hat ihm die Suppe versalzen.
- Er zieht sich geschmacklos an.
- Sie zieht ein süß-saures Gesicht.
- Ich finde das zum Kotzen!

Sucht weitere Redewendungen!

Bildnachweise

Karteikarte 6: MEV-Verlag, Augsburg.
Karteikarte 7: FWU, Grünwald.
Karteikarte 10: Elisabeth Mitterwallner, München.
Karteikarte 11: Johann Jilka, Altenstadt.
Karteikarte 13: MEV-Verlag, Augsburg.
Karteikarte 21: Elisabeth Mitterwallner, München.
Karteikarte 29: © Bettmann/Corbis.
Karteikarte 30: Johann Jilka, Altenstadt.
Karteikarte 31: Elisabeth Mitterwallner, München.
Karteikarte 32: Karola Valdix, Nersingen.
Karteikarte 35: S. Reinhardt.
Karteikarte 36: Elisabeth Mitterwallner, München.
Karteikarte 38, 40: Johann Jilka, Altenstadt.
Karteikarte 47: Elisabeth Mitterwallner, München.
Karteikarte 50: Okapia, Frankfurt.

Inhaltsverzeichnis

1

Inhaltsverzeichnis

1

Inhaltsverzeichnis

2

2

Diese Symbole helfen dir, die Kartei richtig zu sortieren

Auge – Sehen

Ohr – Hören

Fingerabdruck – Haut

Nase – Riechen

Mund – Atmung

Apfel – Verdauung

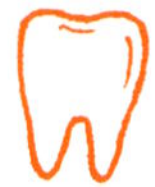
Zahn – Zähne

Kind – Bewegung

Kreuz – Erste Hilfe

Siehst du immer genau? (1)

Schätze! Welche Person ist größer, das Kind oder der Erwachsene? Miss mit einem Lineal nach! Versuche zu erklären, warum dein Auge dich täuschen kann!

Erklärung: Nicht deine Augen täuschen dich, sondern dein Gehirn. Das Auge lässt auf der Netzhaut Bilder entstehen, das Gehirn wertet diese Bilder aus. Dabei greift es auf Erfahrungen zurück, die es früher gemacht hat. Es weiß, dass Erwachsenen größer sind als Kinder und dass entfernte Dinge kleiner aussehen als nahe Dinge. Deshalb lässt es die hintere Figur für dich größer erscheinen.

Siehst du immer genau? (1)

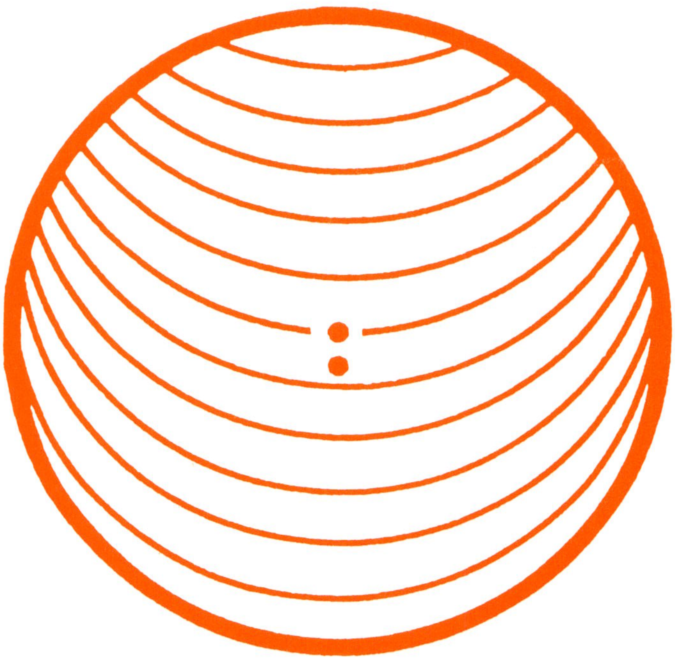

Welcher Punkt befindet sich in der Mitte, der obere oder der untere?

Miss mit einem Lineal nach!

Da du deinen Augen nicht immer trauen kannst, ist es im Zweifelsfall besser nachzumessen!

Siehst du immer genau? (2)

Bastele dir ein Daumenkino!

So geht's:

Du kannst die Bilder von dem Arbeitsblatt „Daumenkino“ benutzen, du kannst aber auch ein eigenes Daumenkino entwerfen und zeichnen. Schneide die Bilder sauber aus!

Lege die Bilder in der richtigen Reihenfolge aufeinander!

Halte den Bilderstapel mit der einen Hand einer Seite fest oder hefte ihn zusammen!

Blättere nun die Bilder mit dem Daumen der anderen Hand durch!

Was melden dir deine Augen?

Siehst du immer genau? (2)

Vorderseite

Rückseite

Bastele ein Drehbild!

So geht's:
Nimm dir eine Karte!
Male ein Tier auf die Vorderseite
und auf die Rückseite einen Käfig!

Bohre rechts und links je 2 Löcher im Abstand von etwa 2 cm! Zieh eine Kordel durch die Löcher!

Dreh den Faden-Motor auf: Dazu hältst du die Enden der Kordel fest und drehst die Karte etwa 20-mal! Zieh dann die Enden der Kordel auseinander!

Was melden dir deine Augen?

Warum hast du zwei Augen? (1)

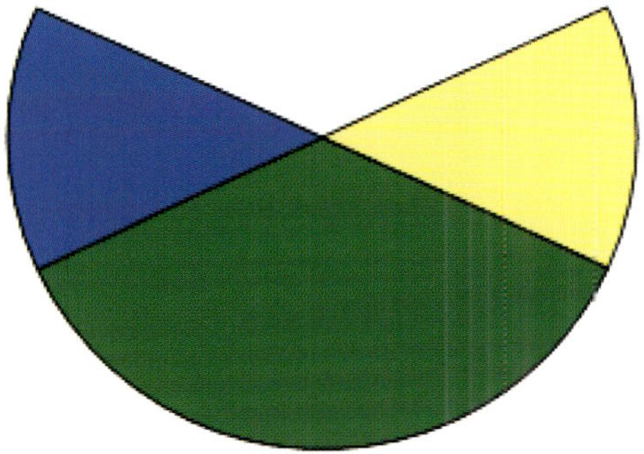

Rechtes Auge: gelbes Sehfeld
Linkes Auge: blaues Sehfeld
Beide Augen: grünes Sehfeld

Information

Mit zwei Augen kannst du Entfernungen besser einschätzen als mit nur einem Auge. Deine Augen stehen 6,5 cm auseinander, deshalb empfängt jedes Auge ein etwas anderes Bild. Dieser Augenabstand macht dein Sehfeld größer. Jedes Auge hat sein eigenes Sehfeld (Halbkreis). In dem grünen Bereich überschneiden sich die beiden Sehfelder.

Die beiden Bilder werden durch Nerven vom Auge zum Gehirn geleitet. Das Sehzentrum im Gehirn fügt sie zu einem Bild zusammen. Das Gehirn errechnet sich die Entfernung des Gegenstandes aus der Verschiedenheit der beiden Bilder. Deshalb kannst du Entfernungen mit nur einem Auge auch nur schlecht bestimmen.

Warum hast du zwei Augen? (1)

Augen sind kostbar, sie lassen sich durch nichts ersetzen. Das merkt man leider oft erst, wenn ein Auge durch einen Unfall verletzt wird. Damit euch das nie passiert, beantwortet die Fragen:

- Wie kann es zu einem Unfall kommen?
- Wodurch kann ein Auge verletzt werden?

Lest dazu auch Karte Nr. 8, „Augen können geschädigt werden"!

Warum hast du zwei Augen? (2)

Führe die Versuche durch und erkläre anschließend, warum du zwei Augen hast.

Male mit einem Auge!
Male einen fingernagelgroßen Kreis auf ein Blatt Papier! Halte dir ein Auge zu! Jetzt versuche ganz schnell – aus 20 cm Entfernung – einen Punkt in die Mitte des Kreises zu setzen!

Fädele eine Nadel ein!
Nimm dir eine Nadel und einen Faden! Kneife ein Auge zu! Versuche, den Faden einzufädeln!

Schließe einen Lippenstift!
Zieh einen Lippenstift auseinander! Nimm den Stift in die linke Hand, die Kappe in die rechte Hand. Kneife ein Auge zu und versuche, die Kappe auf den Lippenstift zu stecken!

Berichte später im Gesprächskreis über das, was du erfahren hast!
Warum das so ist, kannst du auf Karte Nr. 5 nachlesen!

Warum hast du zwei Augen? (2)

Der springende Bleistift

Nimm einen Bleistift in die Hand und halte ihn mit ausgestrecktem Arm so vor dich, dass er eine entfernte Linie (zum Beispiel die Türkante) verdeckt. Schließe in schneller Folge abwechselnd das linke und das rechte Auge!

Was hast du wahrgenommen?

Wenn du wissen willst, warum das so ist, erfährst du mehr auf Karte Nr. 5.

Kannst du rot und grün erkennen?

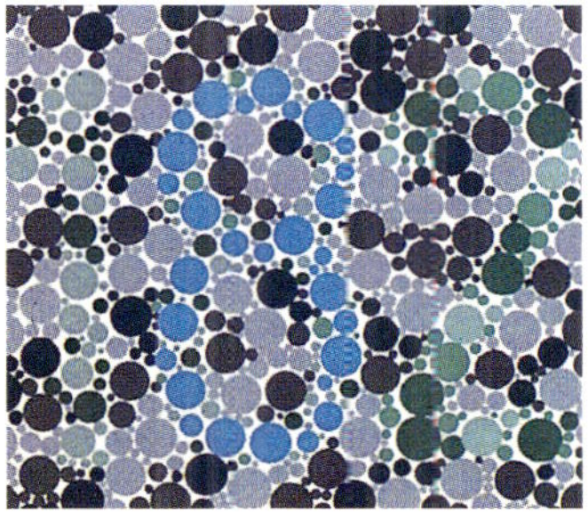
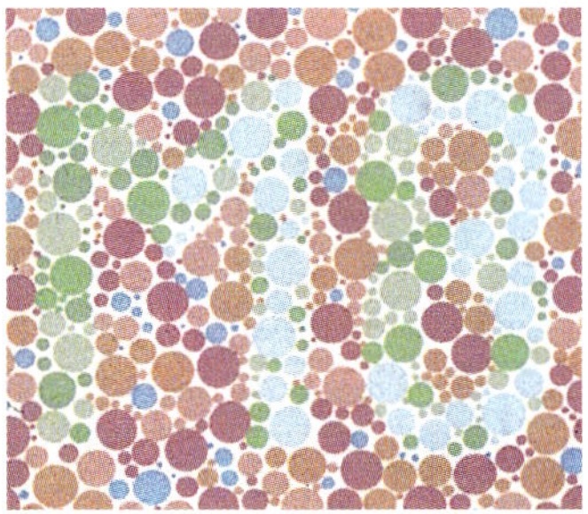
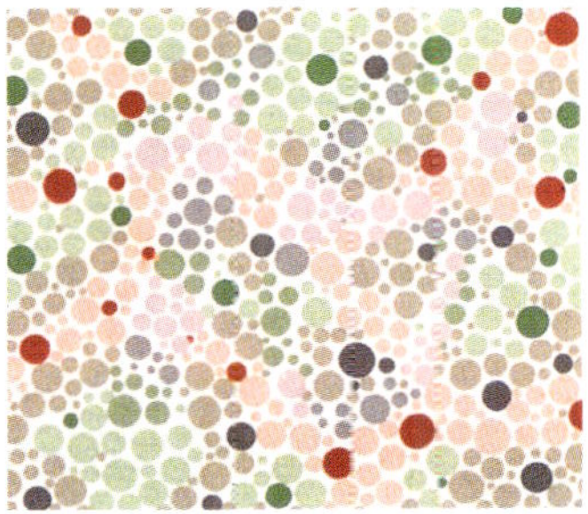

Betrachte die vier Bilder. Was erkennst du darauf?

Wenn du nichts erkennen kannst, sprich mit deiner Lehrerin.

Wie sieht dein Auge eigentlich aus?

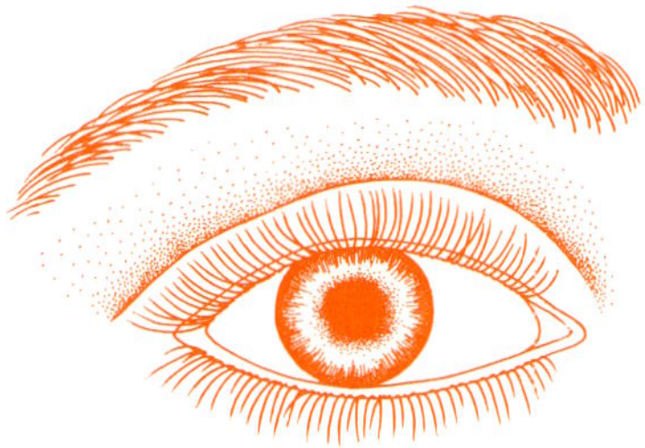

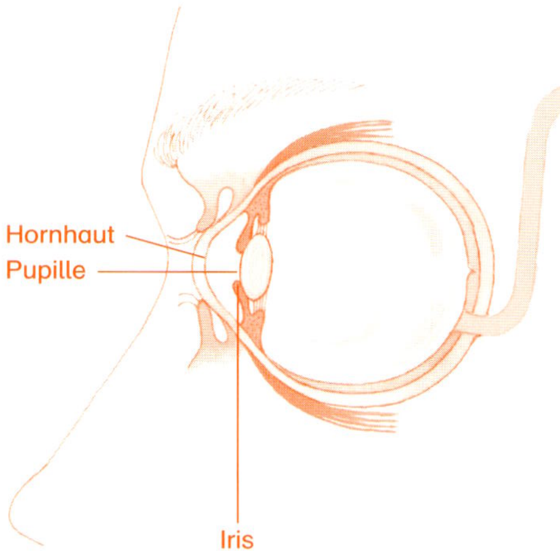

Betrachte deine Augen ganz genau in einem Spiegel.
Male sie mit farbigen Stiften. Hänge das Bild auf. Ihr könnt ein Ratespiel machen und versuchen, eure Augenbilder dem jeweiligen Besitzer zuzuordnen.

Von dem runden Augapfel sind außen sichtbar:
- die Hornhaut, die durchsichtig wie Glas ist und Licht durchlässt;
- die Iris (= farbige Regenbogenhaut), die in der Mitte ein Loch hat;
- die Pupille, die bei wenig Licht größer wird und bei viel Licht kleiner.

Stimmt das? Leuchte deinem Partner mit einer Taschenlampe in die Augen.

Trainiere deine Augenmuskeln

Rolle deine Augen: von oben nach unten, von rechts nach links!

Strecke deinen linken Arm aus. Recke den Daumen hoch! Strecke den rechten Zeigefinger direkt vor deinen Augen hoch, so dass beide Finger zur Deckung gebracht werden. Schau zuerst auf den hinteren, dann auf den vorderen Finger und lass dein Auge vom nahen zum fernen Finger springen.

Führe den Blinzeltest durch.

Beobachte mit der Uhr, wie oft du in einer Minute blinzelst.

Darum blinzelst du: Mit jedem Lidschlag wird die Tränenflüssigkeit über die Hornhaut verteilt. Beim „trockenen Auge“ wird das Auge nicht genug befeuchtet. Wenn du trockene Augen hast, sorge dafür, dass die Luft feucht ist. Stelle ein Schälchen mit Wasser auf die Heizung.

Augen können geschädigt werden

Sprecht über die Bilder. Welche Gefahren sind dargestellt?
Was wird falsch gemacht?
Besprecht, wie ihr Gefahren für eure Augen vermeidet.

Berichtet eure Ergebnisse später im Gesprächskreis.
Gebt den Mitschülern Ratschläge, wie sie ihre Augen schützen können.

Warum ist hören wichtig?

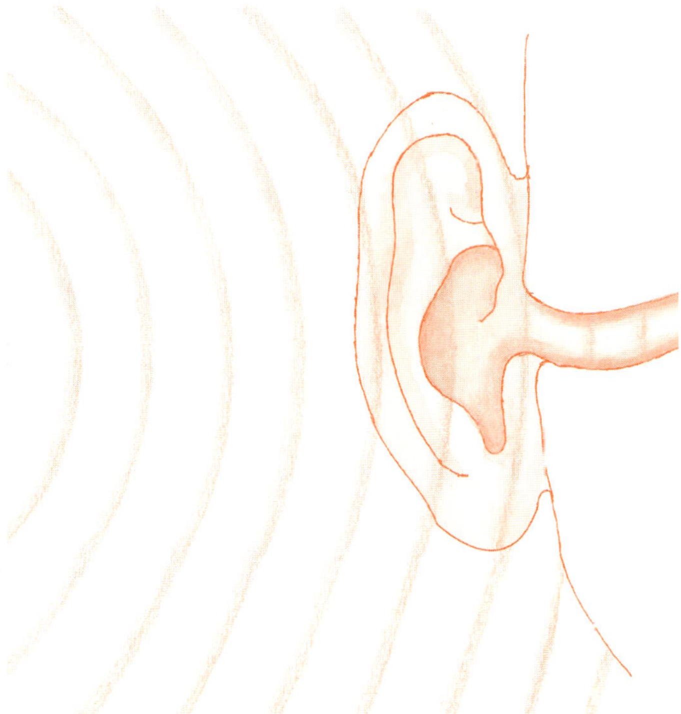

Macht den Test auf dem Arbeitsblatt „Hörtest“ und überprüft so euer Hörvermögen.
Testet gegenseitig, wie gut ihr Geräusche aus verschiedenen Richtungen hören könnt! Sucht euch dazu einen ruhigen Ort. Einem Kind werden die Augen verbunden. Das andere Kind geht an verschiedene Stellen des Raumes und klatscht in die Hände. Der Zuhörende zeigt in die Richtung, aus der er das Geräusch hört. Haltet dabei erst das rechte, dann das linke Ohr zu. Wie erkennt ihr die Richtung besser?

Ein Kind erzeugt verschiedene Geräusche durch reiben, blasen, klopfen, etwas fallen lassen, mit Gegenständen klappern oder Finger schnipsen. Das andere Kind muss die Geräusche erraten.

Woraus bestehen Töne und Geräusche?

Schlägst du mit einem Gegenstand an einen anderen, entsteht ein Ton. Was ist ein Ton?

Füllt eine Schüssel mit Wasser!
Schlagt eine Stimmgabel gegen den Tisch.
Haltet die Gabel in das Wasser.
Was stellt ihr fest?

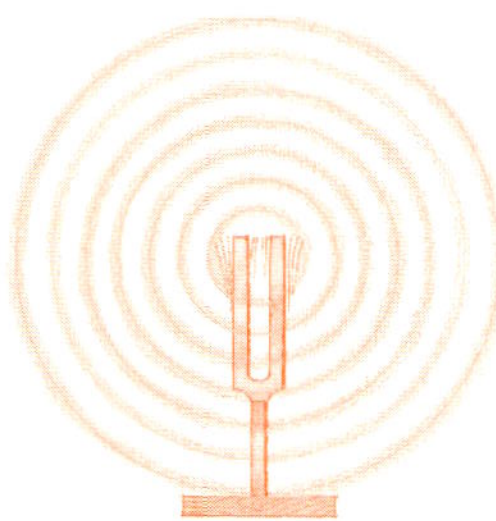

Ein Kind schlägt eine Triangel an.
Ein anderes Kind legt einen Finger darauf. Was passiert?

Legt ein 30-cm-Lineal so auf die Tischkante, dass es übersteht. Ein Kind hält es mit der linken Hand fest. Ein anderes Kind schlägt mit dem Daumen der rechten Hand gegen das freie Ende. Ihr hört einen Ton. Was stellt ihr außerdem fest?
Legt euren Kopf auf die Tischplatte und horcht! Wie ist der Ton?

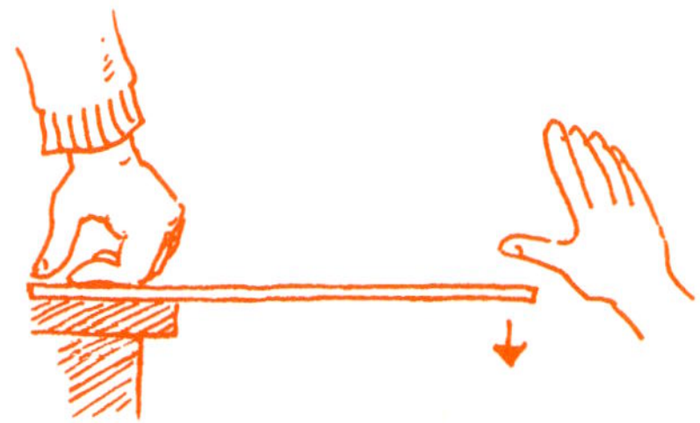

Die Schläge bringen die Gegenstände zum Schwingen. Ihr habt das mit den Fingerspitzen gespürt und im Wasser gesehen.

Wie funktioniert der Hörsinn? (1)

Du brauchst 6 Murmeln.

Die Luft leitet den Schall: Kleinste Luftteilchen stoßen jeweils ihre Nachbarteilchen an und so pflanzt sich die „Schallwelle“ fort. Der Versuch verdeutlicht den Vorgang: Die Murmeln sind die Luftteilchen. Schubse eine Murmel auf das Ende der Reihe. Jede angestoßene Murmel gibt den Stoß an die nächste weiter. Die letzte Murmel rollt weg.

Aus der Entfernung ist das Ticken einer Uhr nicht zu hören. Rolle ein Blatt Papier zu einer Röhre und halte sie an dein Ohr. Kannst du das Ticken jetzt besser hören?

- Lege die Uhr und deinen Kopf auf den Tisch und horche auf das Ticken!
- Erkläre, warum Indianer den Kopf auf die Schienen legten!

Wie funktioniert der Hörsinn? (1)

Genauso wie bei dem Versuch mit den Murmeln pflanzen sich Rufe in der Luft fort. Die Schallwellen breiten sich aus und treffen auf die Ohrmuschel, die wie ein Trichter wirkt.
Je größer das Ohr umso besser hört ihr! Probiert es mit einem Hörrohr aus!

Ihr braucht:
dünne Pappe, Bleistift, Schere, Klebstreifen, Wecker

So geht's:
Ein Kind hält nun einen Wecker, der tickt, an das Ohr des Partner! Wie laut tickt der Wecker?
Danach haltet ihr den Trichter an das Ohr und hört nun, wie laut der Wecker tickt.

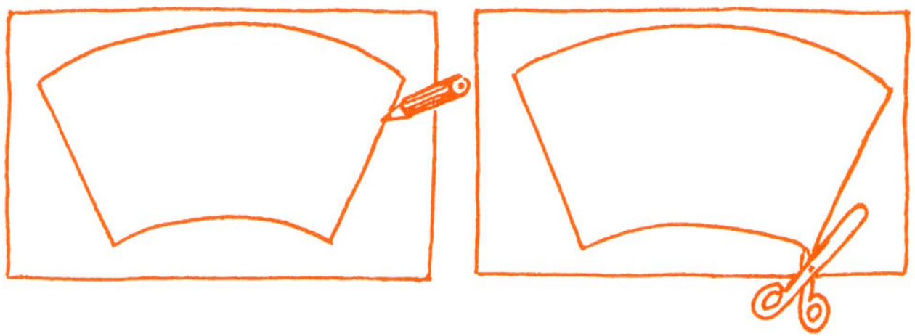

Wie funktioniert der Hörsinn? (2)

Der Schall wird durch die Luft zum Ohr getragen. Von der Ohrmuschel aus pflanzen sich die Schallwellen durch den Gehörgang fort. Sie treffen auf das Trommelfell, das dann auch zu schwingen beginnt.

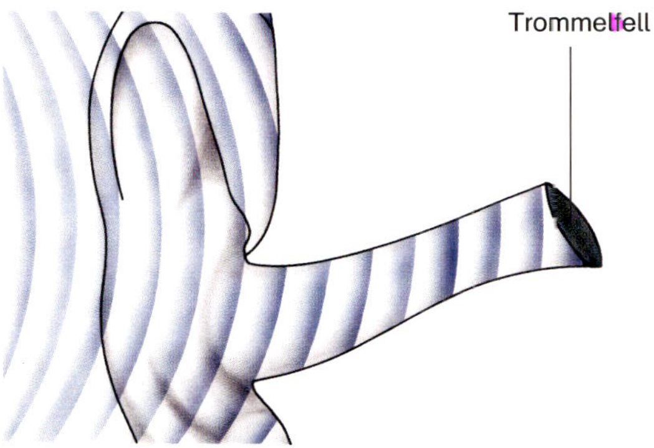

Wenn du wissen willst, wie das funktioniert, dann führe den Versuch mit der Trommel durch!

Zwischen Trommel und Topf ist Luft, die die Schallwellen vom Topf zur Trommel leitet. Die schwingenden Luftteilchen versetzen das Trommelfell in Schwingung und der Reis beginnt zu hüpfen.

Wie funktioniert der Hörsinn? (2)

Information
Hinter dem Trommelfell liegt das Mittelohr. Das ist ein mit Luft gefüllter Raum, der Paukenhöhle heißt. Diese Höhle verengt sich unten zu einer Röhre, der Ohrtrompete. Sie führt in die hintere Mundhöhle und hat die Aufgabe, den Druck zwischen der Luft in der Paukenhöhle und der Luft außerhalb des Körpers auszugleichen.

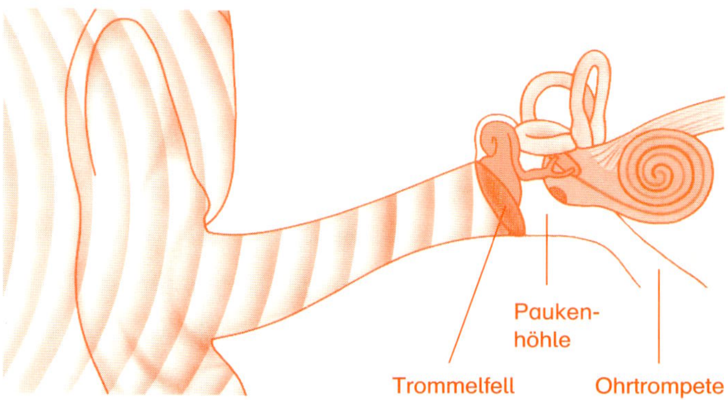

Bestimmt hast du beim Autofahren in den Bergen schon erlebt, dass du ein unangenehmes Gefühl in den Ohren hattest. Je höher man auf einem Berg kommt, desto niedriger wird der Luftdruck. Der Druck im Ohr ist dann größer als der Druck außen, dadurch wird das Trommelfell nach außen gedrückt. Du hast das Gefühl, das Ohr wäre verstopft. Wenn du schluckst oder gähnst, öffnet sich die Ohrtrompete und der Luftdruck gleicht sich aus.

Wenn man einen Berg hinunter fährt, ist das genauso unangenehm für die Ohren, nur wölbt sich in dem Fall das Trommelfell durch den Druck von außen nach innen. Wenn du deine Nase zuhältst und dann Luft in die Nase presst, kann diese Luft nicht nach draußen entweichen und sucht sich einen anderen Weg: sie wird durch die Trompete ins Innenohr gepresst, das Trommelfell wird wieder nach außen gedrückt.

Was ist Lärm?

Darüber kann man verschiedener Ansicht sein. Wenn jemand schlafen will, stört schon ein kleines Geräusch. Lärm ist Schall, der stört.

Sammelt Bilder und erstellt damit zwei Plakate: eins zum Thema „Lärm“ und eines für angenehme Geräusche!

Vergleicht eure Plakate. Diskutiert über die Unterschiede.

Sammelt Geräusche mit dem Kassettenrekorder. Spielt sie euren Mitschülern vor! Entscheidet, welche Geräusche angenehm oder unangenehm sind.

Zeichnet eine Tabelle und ordnet die Geräusche ein.

Sehr laute Geräusche	**Laute Geräusche**	**Nicht so laute Geräusche**

Unterhaltet euch darüber, welche Geräusche euch stören, wenn ihr arbeiten wollt. Stellt Klassenregeln dazu auf!

Starker Lärm macht taub!

Starker Lärm ist gefährlich, weil er nervös oder krank machen kann.

In welcher der abgebildeten Situationen werden die Ohren angemessen geschützt? Welche Lärmschutzmaßnahmen müssen getroffen werden?

Stellt euch vor, ihr wärt taub. Überlegt, was sich dadurch für euch alles ändern würde! Sicher versteht ihr jetzt auch, dass die Ohren vor Lärm geschützt werden müssen.

Lärm verursacht durch seine Schallwellen Druck, der das Trommelfell in Schwingungen versetzt. Diese Schwingungen werden über Sinneszellen zum Hörnerv geleitet, dieser meldet sie weiter ans Gehirn. Wenn die Sinneszellen immer stärkerem Druck durch ständigen starken Lärm ausgesetzt werden, dann gehen sie kaputt. Das Ohr wird taub.

Wie kann Lärm *gedämpft* werden?

Stellt euch vor, ihr liegt im Bett. Der Wecker tickt so laut, dass ihr nicht schlafen könnt. Ihr wollt das Geräusch dämpfen. Welches Material ist dazu geeignet?

Die Antwort auf diese Frage könnt ihr durch Versuche herausfinden. Besorgt euch für den nächsten Tag Material, von dem ihr glaubt, dass es Geräusche schluckt! Bringt es in die Schule mit! Fragt auch eure Eltern, mit welchem Material bei euch in der Wohnung Lärm gedämpft werden kann!

So geht's:

Ihr braucht einen Karton, in den ihr den Wecker hineinstellt. Deckt ihn nun nacheinander mit verschiedenen Materialien zu und horcht, ob ihr das Ticken noch hören könnt.

Ordnet Materialien danach, ob sie Lärm gut dämpfen. Notiert in eurem Gesundheitsheft unter der Überschrift: Diese Materialien helfen, Lärm zu verringern!

Zeitung Styropor

Pappe Holz

Korken Stoff

Schaumgummi Teppich

Wie schütze ich mein Ohr vor Verletzungen?

Schaut euch gegenseitig in die Ohren! Was entdeckt ihr?

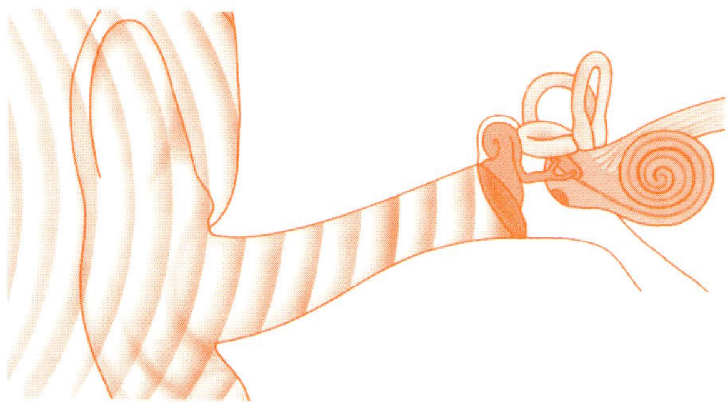

Das Ohr hat natürliche Schutzeinrichtungen. Im Gehörgang findet sich Ohrenschmalz. Es fängt zusammen mit feinen Härchen eindringenden Staub auf. Ohrenschmalz wird von Drüsen über und unter dem Gehörgang gebildet. Zeitweise muss das gelbe Schmalz entfernt werden, damit man weiter gut hört. Was nicht beim Waschen des Außenohrs ausgespült wird, sollte nur mit Watte entfernt werden.

Mit Wattestäbchen darf nur das Außenohr gereinigt werden, sonst wird das Ohrenschmalz nach innen geschoben.
Geh niemals mit spitzen Gegenständen ins Ohr, du kannst das Trommelfell verletzen.

Die Tipps zur Reinigung könnt ihr in euer Gesundheitsheft schreiben.

Der Knall einer Spielzeugpistole ist so laut wie ein Rennwagen! Er schadet dem Ohr.
Kalte Luft kann – vor allem in feuchten Ohren – zu einer Entzündung führen.
Starke Schläge auf das Ohr können das Trommelfell platzen lassen.
Beim Achterbahnfahren kann plötzlich Druck auf das Trommelfell wirken. Lies dazu Karte Nr. 11.

Ohr und Gleichgewicht

Im Innenohr befindet sich das Gleichgewichtsorgan. Es besteht aus 3 Bogengängen, die mit Flüssigkeit gefüllt sind. Jeder Bogen liegt in einer anderen Richtung und erkennt, wie man sich bewegt:
1. auf und ab, 2. vor und zurück, 3. Drehen.
Wenn man zum Beispiel mit dem Kopf nickt, bewegt sich die Flüssigkeit. Ihr könnt euch das besser vorstellen, wenn ihr diesen Versuch durchführt:

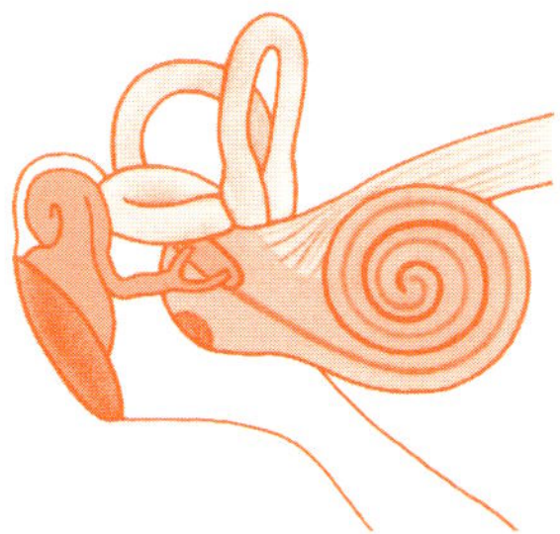

Ihr braucht:
1 Schraubglas mit Wasser

So geht's:
Füllt das Glas mit Wasser und verschließt es. Bewegt es in die 3 Richtungen. Beobachtet, was mit der Wasseroberfläche passiert.

Die Bogengänge informieren das Gehirn, in welcher Lage man sich gerade befindet. Bei einer Seefahrt verursacht das Schlingern des Schiffes, dass die Flüssigkeit im Innenohr hin- und herschwappt. Davon kann man seekrank werden.
Dreht euch mehrmals im Kreis und bleibt dann plötzlich stehen! Was spürt ihr? (Bitte abwechselnd drehen, damit der Partner aufpassen kann, dass man nicht fällt!)
Man empfindet Schwindel, weil die Flüssigkeit im Ohr noch etwas länger schaukelt.

Kannst du dein Gleichgewicht halten?

Für das Gleichgewicht sind verschiedene Sinneseindrücke wichtig. Probiert die Übungen aus!

Ihr braucht:
Federkissen, Kreide, Springseil.

So geht's:
Stellt euch barfuß an eine freie Stelle in der Klasse! Die folgenden Übungen macht ihr abwechselnd, während der Partner jeweils Hilfestellung gibt.

1. Verändert den Bodenkontakt der Füße, indem ihr euch auf ein Kissen stellt!
2. Versucht, auf nur einem Bein zu stehen!
3. Schließt die Augen! Neigt den Kopf zur Seite!
4. Malt mit Kreide einen Strich auf den Boden. Schaut ihn genau an. Schließt die Augen und versucht, auf der Linie zu gehen.
5. Legt das Seil in Windungen auf den Boden. Balanciert vorwärts und rückwärts darüber!
6. Versucht es auf Zehenspitzen!

Berichtet, was ihr erlebt habt!

1.

2.

3.

4.

5.

Wir untersuchen die Haut

Die Haut ist unser größtes Organ. Bei einem Erwachsenen ist sie 2 x 2 m groß.

Die Haut ist ungefähr 1 Millimeter dick. An manchen Stellen ist sie dicker.
Untersuche, wo deine Haut am dünnsten (am dicksten) ist! Versuche zu erklären, warum sie an einigen Stellen dicker ist.

Die Haut sieht nicht überall gleich aus. Betrachte deine Haut mit der Lupe an verschiedenen Stellen!
Was entdeckst du alles?
Berichte!

Die Haut umspannt den gesamten Körper. Untersuche, wo deine Haut elastisch ist und wo nicht!
Versuche, sie anzuheben: am Handrücken/an der Handinnenfläche, an den Ohren/an der Nase, am Knie/am Ellenbogen.
Überlege, warum das so ist und erkläre es den anderen!

Wir untersuchen die Haut

Haut, Haare und Nägel bestehen alle aus dem gleichen Stoff. Sie haben die Aufgabe, den Körper zu schützen. Sie erneuern sich regelmäßig: Haut alle 4 Wochen und Haare alle 7 Jahre.

Untersuche, an welchen Stellen des Körpers du Haare hast. Überlege, welchen Zweck sie erfüllen. Sieh im Lexikon nach!

An den Finger- und Zehenkuppen bist du besonders empfindlich. Damit dir nicht jede Bewegung weh tut, hast du dort Nägel. Am Nagelbett, wo der Nagel unter der Haut hervorkommt, ist er noch weich. Von dort aus wächst er 1 mm in der Woche. An der Fingerkuppe angekommen sind die alten Zellen tot. Deshalb kannst du die Nägel abschneiden, ohne dass es weh tut.

So feilst du deine Nägel:

Fingernägel: rund, Fußnägel: gerade

Untersuche deine Nägel mit der Lupe und notiere deine Entdeckungen in deinem Gesundheitsheft!

Das kannst du entdecken	**So kannst du es erklären**
Längsrillen	Verraten dir eine schlechte Verdauung.
Querrillen	Das Nagelbett ist verletzt worden.
Weiße Flecken	Zeigen, dass du zuwenig Kalzium isst.
Brüchige Nägel	Du nimmst zu wenige Vitamine zu dir.
Splitternde Nägel	Reinigungsmittel beim Saubermachen schaden dem Nagel.
Abgeknabberte Nägel	Du bist nervös oder ängstlich.
Ungepflegte, schmutzige Nägel	Du pflegst deine Nägel nicht genug mit Seife und Nagelbürste!

Die Haut ist ein Sinnesorgan

Schau dir die Bilder an! Was kann man fühlen?

Deine Haut enthält verschiedene Sinneskörperchen. Sie melden ans Gehirn, was du fühlst: Schmerz, Berührung oder Druck, Kälte oder Wärme.
Mit diesem Versuch kannst du erfahren, wo diese Sinneskörperchen in deiner Haut sitzen.

So geht's:
Nimm dir eine Nadel oder einen spitzen Bleistift. Berühre damit die Haut an deiner Hand an verschiedenen Stellen! Was spürst du dabei?
An manchen Stellen spürst du nur einen Druck, an anderen einen Schmerz. Die Sinnesfühler sind nicht gleichmäßig über die Haut verteilt. In den Fingerspitzen gibt es sehr viele Tastkörperchen. Deshalb können Blinde so gut mit den Fingern lesen.

Die Haut regelt deine Körpertemperatur

Deine Körpertemperatur beträgt 37 °C. Bei Fieber steigt sie an.
Bringt Fieberthermometer mit in die Schule und messt damit eure Körpertemperatur!
Temperaturen, die von dieser Körpertemperatur abweichen, kannst man mit der Haut des ganzen Körpers spüren. Die Haut sorgt aber auch dafür, dass diese Temperatur erhalten bleibt. Wenn man sich beim Sport ordentlich anstrengt, fängst man an zu schwitzen. Der Schweiß verdunstet und kühlt dabei die Haut. An heißen Tagen schwitzt man bis zu 2 Liter aus!
Die Haut gibt aber immer eine kleine Menge Schweiß durch die Poren nach draußen ab.
Das könnt ihr mit dem folgenden Versuch überprüfen:

Ihr braucht:
Plastik-Butterbrottüte, Klebestreifen

So geht's:
Ein Kind steckt eine Hand in die Tüte, ein anderes Kind klebt sie am Handgelenk dicht zu. Wartet 10 Minuten. Was seht und spürt ihr?

Durch Kleidung hilft man dem Körper, seine Temperatur zu halten. Durchgeschwitzte oder regennasse Kleidung soll man schnell ausziehen. Sie kühlt den Körper ab – man kann sich leicht erkälten.
Untersucht an eurer Kleidung, wie gut sie Schweiß aufsaugt!

Haut muss gepflegt werden!

An manchen Stellen des Körpers schwitzt ihr besonders stark. Nennt sie!

Schweiß besteht zu einem großen Teil aus Wasser, aber auch aus Salz; Stoffen, die der Körper nicht mehr braucht und solchen, die auf der Haut einen Schutzmantel bilden, damit keine Bakterien eindringen können.

Schweiß und Krankheitskeime müssen von der Haut abgewaschen werden. Mit klarem Wasser werden nicht alle Keime entfernt. Deshalb ist ein mildes Reinigungsmittel notwendig. Aber Vorsicht: Zu viel waschen zerstört den Schutzmantel der Haut! Bringt euer Duschgel mit in die Schule! Vergleicht die Aufschriften auf den Aufklebern! Was versprechen sie?

Was könnt ihr tun, damit die Haut gesund bleibt? Schreibt es in euer Gesundheitsheft!

Wie oft waschen?

mehrmals täglich: nach jedem Toilettengang, vor dem Essen

einmal täglich: Gut zwischen den Zehen abtrocknen!

wenigstens einmal pro Woche

einmal täglich: oder waschen von Kopf bis Fuß

Unterhose und Socken täglich wechseln

mehrmals wöchentlich Handtücher wechseln

Haut kann krank werden

Hautkrankheiten wie Allergien, Neurodermitis oder Schuppenflechte können nur von Arzt behandelt werden. Aber bei diesen Hautkrankheiten könnt ihr euch selber helfen:
Übertragt die Tipps in euer Gesundheitsheft.

Ringelblumensalbe könnt ihr selber herstellen. Die Anleitung dazu findest du auf dem Arbeitsblatt „Ringelblumensalbe“.

Hautjucken

Die oberste Hautschicht erneuert sich ständig: Schuppen werden abgestoßen. Sehr trockene Haut schuppt sich besonders viel. Nach dem Baden juckt die Haut oft. Nicht kratzen! Du kratzt dich wund! Nach dem Duschen die Haut eincremen!

Blasen

Beim Wandern mit neuen Schuhen entstehen Blasen, weil sich die Haut ständig reibt. Unter der Haut bildet sich klare Flüssigkeit.
Passende Schuhe kaufen! Druckstellen mit einem Pflaster schonen. Blase nicht aufstechen! Die Haut heilt von allein.

Warzen

Warzen sind harmlose, kleine Knötchen auf der Haut. Sie entstehen durch Viren und können die Farbe der Haut haben oder dunkler sein. Aus offenen Warzen können Viren austreten und neue Warzen bilden. Deshalb darfst du sie nicht verletzen. Nachts Ringelblumensalbe auftragen.

Fußpilz

Wenn du luftdichte Turmschuhe oder Gummistiefel trägst, schwitzen deine Füße. In dieser feuchten und warmen Umgebung fühlt sich der Fußpilz wohl.
Du steckst dich z.B. in Badeanstalten an.
Trage deshalb dort Badeschuhe und halte deine Füße immer trocken!

Woher kommt die Hautfarbe?

Menschen haben die unterschiedlichsten Hautfarben in verschiedenen Abstufungen: braun, schwarz, weiß, rot, gelb, ... Der Aufbau der Haut ist bei allen gleich. Aber die Farbe hängt davon ab, wie viel „Melanin“ sich in der Haut befindet. Das ist ein Farbstoff, der sich bildet, wenn Sonnenstrahlen die Haut treffen. Wie lange du ohne Schutz in der Sonne bleiben kannst, hängt von deinem Hauttyp ab.

Untersuche, zu welchem Hauttyp du gehörst!

Welche Hautfarbe / Haarfarbe / Augenfarbe hast du?	**So reagiert deine Haut in der Sonne**	**So lange darfst du ohne Schutz in der Sonne bleiben, ohne zu verbrennen**
Hautfarbe: blass, Sommersprossen Haarfarbe: rötlich Augenfarbe: blau oder grün	Sie wird sofort rot, sie schält sich schnell, sie wird nicht braun	5–10 Minuten
Hautfarbe: hell Haarfarbe: blond Augenfarbe: blau, grün, grau	Sehr schnell entsteht ein Sonnenbrand, die Haut bräunt nur wenig	10–20 Minuten
Hautfarbe: hell Haarfarbe: dunkelblond, braun Augenfarbe: blau, grün, braun	Sie bräunt gut, selten entsteht Sonnenbrand	20–30 Minuten
Hautfarbe: bräunlich Haarfarbe: dunkel Augenfarbe: dunkel	Sie bräunt schnell, kein Sonnenbrand	über 45 Minuten

Sonnenschutzcremes testen

Bräune schützt die Haut vor den gefährlichen UV-Strahlen der Sonne. Wenn du dich lange in die Sonne legst, kann deine Haut sehr krank werden. Kinder sind besonders gefährdet. Mit einer Sonnencreme kannst du dich schützen. Diese Cremes enthalten einen Lichtschutzfaktor (LSF). Mit LSF 10 z. B. kannst du dich 10 mal länger in der Sonne aufhalten, als dein Hauttyp erlaubt.

Beispiel: Hauttyp 2 darf etwa 15 Minuten in die Sonne, aber mit Sonnencreme LSF 10 verlängert sich diese Zeit: 15 x 10 = 150 Minuten = 2 Stunden und 15 Minuten. Rechne aus, wie lange du dich mit deinem Hauttyp bei LSF 4 (6, 8, 12, 15, 20) in der Sonne aufhalten darfst!

Tipps: Die Creme muss 1/2 Stunde vor dem Sonnenbad aufgetragen werden! Meide die Mittagssonne! Schütze den Kopf mit einem Sonnenhut! Die Haut mag nicht jede Sonnencreme. Probiert aus, welche Creme eure Haut gut verträgt! Bringt dazu verschiedene Sonnenschutzcremes mit und tauscht sie untereinander aus! Tragt eine kleine Menge Creme auf den Handrücken auf! Welchen LSF hat die Creme? Zieht sie gut ein oder nicht? Magst du den Geruch oder nicht? Was kostet sie?

Was tun bei Nasenbluten?

Setz dich hin und beuge dich leicht nach vorn!
Wenn dir Blut in den Rachen gelaufen ist, spucke es aus, sonst musst du dich vielleicht übergeben!
Halte die Nase mit Daumen und Zeigefinger zu!
Atme durch den Mund!
Lege einen kalten Lappen in den Nacken! (Kälte verengt die Blutgefäße!)

Übe das richtige Verhalten ein und mache es vor!
Erkläre, warum du dich so verhältst!

Wenn du häufiger Nasenbluten hast, solltest du einen Arzt aufsuchen!

Notiere in deinem Gesundheitsheft, wie du dich bei Nasenbluten verhalten musst.

Was tun bei Nasenbluten?

Wie entsteht Nasenbluten?

Nasenbluten entsteht

- bei einem Sturz auf die Nase,
- beim Bohren in der Nase oder beim Naseputzen,
- weil kleine Blutgefäße in der Nase platzen.

Deshalb: *Nicht so stark schnäuzen!*

- Eine trockene Nasenschleimhaut reißt leicht ein.

Deshalb: *Die Nase feucht halten.*

Schau dir dazu auch Karte Nr. 25, „Nasenpflege, aber wie?“ an.

Die Nase warnt vor Gefahren (1)

Junger Mann gerettet

Nachbarin roch das Feuer

Der Aufmerksamkeit einer Nachbarin verdankt ein Bewohner eines Hauses an der Kölner Landstraße möglicherweise sein Leben. Die Frau hatte am Sonntag Abend gegen 23.10 Uhr in ihrer Wohnung im vierten Stock beim Bügeln durch das leicht geöffnete Fenster Brandgeruch bemerkt. Da sie nicht herausfinden konnte, woher er kam, alarmierte er die Feuerwehr. Die Helfer schauten sich in dem Haus genauer um und stellten fest, dass der Geruch aus einer Wohnung im ersten Stock kam. Dort war ein junger Mann vermutlich mit einer glimmenden Zigarette eingeschlafen, berichtet die Feuerwehr. Die Helfer weckten den Mann. Er blieb unverletzt.

Lest den Zeitungsartikel!

Warum konnte die Nachbarin helfen?

Denkt euch andere Situationen aus, in denen der Geruchssinn helfen kann!

Berichtet davon im Gesprächskreis!

Die Nase warnt vor Gefahren (1)

Gefährliche Flüssigkeiten und verdorbene Nahrung riechen oft unangenehm.

Welche Gerüche sind dir unangenehm?

Um das zu testen, müsst ihr zunächst Riech-Dosen herstellen.

So geht's:
Bringt 8 Filmdöschen mit. Sucht nach verschiedenen Stoffen, die den unten aufgeführten Wiewörtern entsprechen und füllt sie in die Filmdöschen.

Nimm die 8 Riech-Dosen!
Schließ die Augen, dein Partner reicht dir eine geöffnete Dose!

Rieche an dem Behälter. Ist der Inhalt möglicherweise gefährlich?
Wie würdest du den Geruch beschreiben? Wähle aus diesen Wie-Wörtern aus:

sauer süß faul fruchtig scharf mild beißend blumig brenzlig stechend

Die Nase warnt vor Gefahren (2)

So erkennt ihr gefährliche Flüssigkeiten
Bringt von zu Hause verschiedene Flaschen von Spül- und Putzmitteln mit!

Lest genau durch, was auf den Flaschen geschrieben steht!

- Schaut die Piktogramme an! – Was bedeuten sie?
- Riecht vorsichtig an den Flaschen! – Beschreibt den Geruch!

Die Nase warnt vor Gefahren (2)

So erkennst du gefährliche Flüssigkeiten

1. an der Aufschrift
2. an den Piktogrammen
3. am Geruch!!

Das bedeuten die Piktogramme:

Giftig

Feuergefährlich

Ätzend

Gesundheitsschädlich (Reizend)

Male die Piktogramme in dein Gesundheitsheft!
Schreibe die Bedeutung dazu!

Meine Nase ist *verstopft*

Was ist eigentlich Schnupfen?

Beim Atmen hast du Bakterien oder Viren = Krankheitserreger eingeatmet. Sie setzen sich auf deine Nasenschleimhäute und vermehren sich dort. Die Nasenschleimhaut entzündet sich und wird dicker – deine Nase ist verstopft. Die Schleimhaut wehrt sich, indem sie mehr Flüssigkeit herstellt, um die Bakterien heraus zu spülen. Deine Nase läuft. Du musst sie putzen.

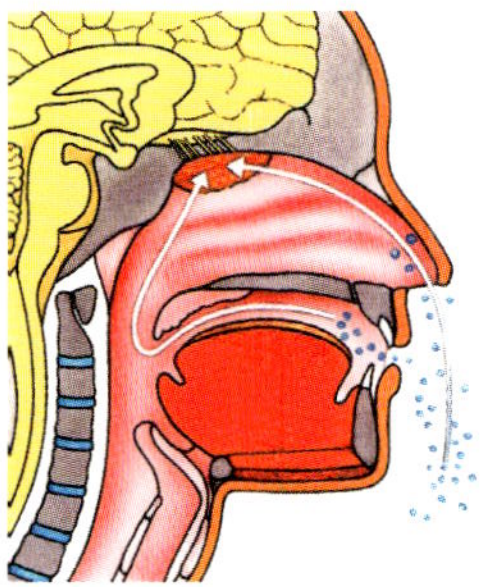

So putzt du deine Nase richtig:

- Immer ein Nasenloch zuhalten und aus dem anderen schnäuzen! (Wenn du aus beiden Nasenlöchern gleichzeitig schnäuzt, riskierst du, dass der Schleim in die Nebenhöhlen gedrückt wird und diese sich entzünden!)
- Möglichst keine Nasentropfen nehmen! Sie bewirken zwar, dass sich die geschwollene Nasenschleimhaut zusammenzieht, aber sie trocknet auch gleichzeitig aus. Besser hilft ein Dampfbad.

Übe das richtige Naseputzen!

Meine Nase ist verstopft

Kamillendampfbad gegen Schnupfen

Du brauchst:

- Schüssel 
- Esslöffel 
- Handtuch 
- getrocknete Kamillenblüten 
- heißes Wasser 

So geht's:

1. Gib 3 Löffel Kamillenblüten in die Schüssel. 
2. Gieße eine Kanne voll heißem Wasser darüber. 
3. Lege das Handtuch über den Kopf und halte den Kopf über die Schüssel. 
4. Atme den Dampf durch die Nase und Mund ein, ungefähr 10 Minuten lang.

So schützt du dich vor Schnupfen und Erkältung

Schnupfen ist oft das erste Anzeichen für eine Erkältung. Erkältungen entstehen durch Bakterien oder Viren (= Krankheitserreger). Du steckst dich an, wenn ein erkälteter Mensch hustet oder niest. Dann schleudert er Viren in die Luft und du atmest sie ein.

Du kannst Erkältungen aber vorbeugen, indem du

- viele Vitamine zu dir nimmst, vor allem Vitamin C;
- dich viel an der frischen Luft bewegst und dich dabei warm und wetterfest anziehst;
- lange genug schläfst (8–10 Stunden) und Zugluft vermeidest;
- dich nicht auf kalte Steine setzt.

Viele Erkältungen beginnen mit einem Schnupfen. Wird der Schnupfen nicht schnell bekämpft, dann wandern die Viren in den Rachen.

Du merkst:	**Das hilft dir:**
Es kratzt im Hals.	Warme Halswickel über Nacht machen.
Das Schlucken tut weh.	Heiße Milch mit Honig in kleinen Schlucken trinken.
Du musst dich räuspern.	Hustenbonbons lutschen.
Die Stimme wird heiser.	Wenig sprechen.
Du fängst an zu husten.	Mit Salbeitee gurgeln.

Notiere die Hilfsmittel gegen Erkältung in deinem Gesundheitsheft! Findest du noch andere Hausmittel? Frage deine Eltern, Großeltern, ...; recherchiere in Lexika oder im Internet.

So schützt du dich vor Schnupfen und Erkältung

Vor allem Vitamin C hilft gegen Erkältung. In größeren Mengen ist es in Apfelsinen und Zitronen, Kiwi, grünen Paprika enthalten.

Heiße Zitrone gegen Erkältung

Du brauchst:

- 1 Zitrone 
- Messer 
- Zitronenpresse 
- heißes Wasser 
- Teelöffel 
- Honig 

So geht's:

- Schneide die Zitrone durch!
- Gieße den Saft in einen Becher.
- Schütte heißes Wasser bis zum Rand darauf.
- Süße mit 1 Teelöffel Honig, wenn du magst.

Mehrmals täglich trinken!

Ich muss niesen

So verhältst du dich, wenn du niesen musst:
Beim Niesen schleuderst du auch Krankheitserreger aus Mund und Nase heraus.
Deine Mitmenschen können sich anstecken.
So verhinderst du das:

- Halte die Hand (besser noch: ein Papiertaschentuch) vor Mund und Nase!
- Wasche dir öfter die Hände!
- Gib keinem gesunden Menschen die Hand!

Das hilft gegen Niesen und Schnupfen:
Feuchte einen Wattebausch mit warmem Wasser an!
Gib einen Teelöffel Apfelessig darauf!
Lege die Watte 10 Minuten auf die Nase!
Mehrmals täglich wiederholen!

Probiere es aus!

Ich muss niesen

Woher kommt das Niesen?

Du brauchst:
Pfeffer

So geht's:
Streue ein wenig Pfeffer auf deine Hand! Ziehe den Pfeffer beim Einatmen mit der Nase hoch!

Information
Auf deiner Nasenschleimhaut wachsen 1.500.000 Geruchshärchen. An ihnen streicht die Atemluft vorbei. Befindet sich ein Fremdkörper in der Atemluft, dann kribbelt es ganz doll in der Nase. Du atmest tief ein und jagst diese ganze eingeatmete Luft schlagartig durch die Nase heraus. Dabei fliegt der Fremdkörper mit heraus.

Beim Schnupfen bewirkt die entzündete Schleimhaut das Kribbeln.

Nasenpflege, aber wie?

Eine trockene Nase ist ungesund!
In einer trockenen Nase können die feinen Härchen auf den Schleimhäuten die Nase nicht mehr von Schmutz oder Bakterien befreien. Es bilden sich Krusten.

Das macht die Nase trocken:
- Wenn deine Nasenschleimhaut oft entzündet ist.
- Wenn die Luft im Zimmer staubig und trocken ist.
- Wenn du oft in der Nase bohrst.
- Wenn du oft Nasenspray benutzt.

Sorge dafür, dass deine Nase immer feucht ist.
Das hilft dir:
- Halte die Luft im Zimmer feucht!
- Inhaliere Dampf in die Nase!

Nasenpflege, aber wie?

Luft im Zimmer befeuchten

Messt die Feuchtigkeit der Luft in eurer Klasse mit einem Hygrometer! Legt feuchte Handtücher auf die warme Heizung oder stellt eine Schale mit Wasser darauf!

Prüft nach einer Stunde am Hygrometer, ob sich die Anzeige verändert hat!

Eine trockene Nase mit Dampf befeuchten

- Koche Wasser und fülle es in das untere Teil eines Inhalators.
- Gib 2 Tropfen Heilpflanzenöl zu!
- Setz das Oberteil auf.
- Lege das Gesicht auf die Öffnung!
- Atme den Dampf durch die Nase ein!
- Inhaliere 10 Minuten lang!

Wie funktioniert der Riechsinn?

Deine Nase wird schnell müde!

Das hast du sicher schon erlebt:

Du kommst montags in die Klasse, die muffig riecht. Nach kurzer Zeit riechst du den Geruch nicht mehr – du hast dich daran gewöhnt.

Diese Eigenschaft ist nützlich für viele Menschen, die an einem Ort arbeiten, an dem es unangenehm riecht, zum Beispiel für

- Kanalarbeiter
- Arbeiter in Lackfabriken
- Ledergerber.

Stelle eine Duftkerze gegen schlechte Gerüche her!

Du brauchst:

1 Teelicht, Duftöl

So geht's:

Zünde das Teelicht an! Das Wachs muss flüssig werden! Blase das Teelicht aus! Erst dann, wenn die Flamme sicher gelöscht ist, kannst du 3 Tropfen Duftöl in das heiße Wachs tröpfeln – sonst gibt es eine Stichflamme!

Wie funktioniert der Riechsinn?

Die Nase hat viele Aufgaben:
Sie wärmt die Atemluft an, weil kalte Luft schlecht für die Luftröhre ist.
Sie macht die Atemluft feucht, damit die Luftröhre nicht austrocknet.
Die langen Haare in den Nasenlöchern und die Härchen der Nasenschleimhaut filtern den Staub aus der Atemluft. Sie fliegen durch Niesen oder Naseputzen wieder heraus.

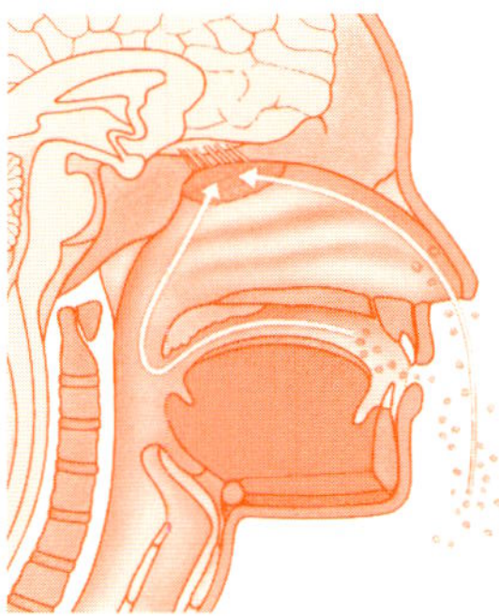

Die Riechhärchen in der Decke der Nasenhöhle nehmen den Duft mit Fühlern auf. Unterschiedliche Düfte werden mit verschiedenen Fühlern wahrgenommen.

So kannst du nachprüfen, ob deine Atemluft feucht ist:
Halte einen Spiegel dicht vor die Nase!
Atme durch die Nase aus! Was siehst du?

Wir entdecken unseren Atem

Wir sehen unseren Atem

Lass einen Wattebausch vor dem Mund deines Partners baumeln!
Was siehst du?

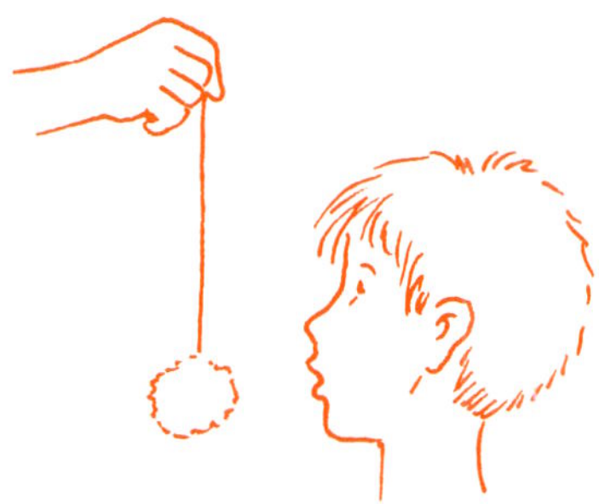

Halte einen Spiegel vor seinen Mund!
Was entdeckst du?
Beobachte seinen Brustkorb beim Atmen!
Was erkennst du?

Wir fühlen unseren Atem

Lege deine Hände um den Mund und atme mehrmals!
Was erlebst du?
Was machst du im Winter, wenn deine Hände kalt sind?
Mache es vor!

Berichte später im Gesprächskreis, was du gesehen und gefühlt hast!

Wir *entdecken* unseren Atem

Wir hören unseren Atem

Halte dein Ohr nahe an die Nase deines Partners!
Kannst du etwas hören?
Atme durch einen Strohhalm!
Beim Schlafen oder bei Erkältungen kann ein Geräusch (schnarchen) beim Atmen entstehen. Mache es nach!

Berichte später im Gesprächskreis, wie du deinen Atem hören konntest!

So entsteht das Schnarchen

Sieh in den Spiegel und sperre deinen Mund weit auf! Du siehst das Gaumensegel mit dem Rachenzäpfchen.

Beim Schlafen wird dieses Gaumensegel schlaff. Wenn du atmest, streift die Luft über das Segel. Dabei passiert dasselbe, wenn der Wind auf See in ein lasches Segel bläst: Es beginnt laut zu flattern.
Schnupfen kann Schnarchen verursachen. Aber wenn du nur durch den Mund atmest, wird du schneller zum Schnarcher!

Warum atmen wir?

In der Zeitung fand sich dieser Artikel:

Tod durch Ersticken

Ein furchtbarer Unfall ereignete sich im Kinderzimmer. Der 5-jährige Tim hatte sich beim Spielen eine Plastiktüte über den Kopf gezogen und ist darunter erstickt!

So könnt ihr testen, wie Erstickungsgefahr entsteht:

Nehmt einen Butterbrotbeutel aus Plastik!
Saugt ihn mit Mund und Nase an!
Was erlebt ihr dabei?

Nun versteht ihr sicher, warum ihr niemals eine Plastiktüte über den Kopf ziehen dürft! Erklärt es den anderen Kindern im Gesprächskreis!

Ihr atmet automatisch, denn Atmung hält euch am Leben! Zum Atmen braucht ihr frische Luft. In der Luft befindet sich der lebensnotwendige Sauerstoff.

Womit atmen wir?

Prüft bei euch selbst, ob ihr besser durch die Nase oder den Mund Luft bekommt!

Beobachtet bei eurem Partner, womit er atmet

1. wenn er liest,

2. wenn er schnell 20 Kniebeugen macht!

Was habt ihr festgestellt? Berichtet im Gesprächskreis!

Gesund ist es, wenn ihr durch die Nase atmet!
Das Einatmen von kalter Luft durch den Mund kann dazu führen, dass eure Atemwege krank werden! Die Luft wird nur in der Nase angewärmt.

Trainiert 2 Minuten die Nasenatmung!
Atmet dabei bewusst durch die Nase ein und durch den Mund aus! Beobachtet euch dabei!

Wie funktioniert die Atmung?

Wir messen, wie tief wir atmen
Nehmt euch ein Maßband und messt gegenseitig euren Brustumfang beim Atmen

1. wenn der Partner ausgeatmet hat,
2. wenn er eingeatmet hat!

(Beim Messen Luft anhalten!)

Notiert eure Ergebnisse in eurem Gesundheitsheft:

Ausatmen: Brustumfang von _____ cm.
Einatmen: Brustumfang von _____ cm.

Wie funktioniert die Atmung?

Du hast festgestellt, dass sich der Brustkorb beim Einatmen dehnt.
Hier kannst du jetzt sehen, wie sich Frauen früher eingeschnürt haben, um schlank zu wirken.

Schau dir die Bilder an und erkläre deinen Mitschülern, wie das Korsett der Atmung schadet.

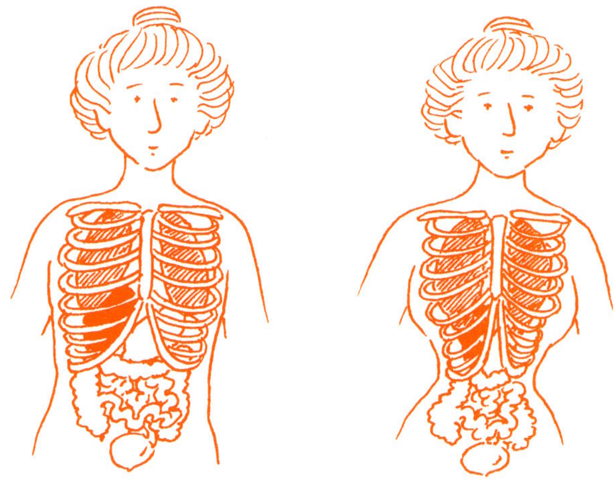

Atmen in verschiedenen Situationen

Wie oft atmet ihr in 1 Minute?
Nehmt eine Uhr mit Sekundenzeiger! Ein Kind setzt sich bequem hin. Ein anderes Kind gibt das Startsignal: „Jetzt!“ und ruft nach 60 Sekunden: „Stopp!“. Das erste Kind zählt, wie oft es in dieser Zeit atmet.

Dann macht das erste Kind 15 Kniebeugen. Ihr wiederholt die Messung!
Anschließend wird gewechselt.

Tragt die Ergebnisse so in euer Gesundheitsheft ein:

Ich atme im Sitzen _____ mal,
nach 15 Kniebeugen _____ mal.

Atmen in verschiedenen Situationen

Wenn du dich bei den Kniebeugen anstrengst, musst du schneller atmen. Dabei kommt mehr Sauerstoff in die Lunge. Auch dein Herz schlägt schneller.

Prüfe das nach!

Wie oft dein Herz schlägt, sagt dir dein Puls.
Du fühlst ihn am besten an der Halsschlagader.

Setz dich ruhig hin!

Zähle deinen Pulsschlag eine Minute lang!

Mache wieder 15 Kniebeugen!
Zähle danach wieder deinen Puls eine Minute lang!

Trage die Anzahl der Pulsschläge wieder in dein Gesundheitsheft ein! Schreibe so:

Mein Herz schlägt in der Minute
in Ruhe _____ mal,
bei Anstrengung _____ mal.

Luft anhalten beim Tauchen

Testet im Schwimmunterricht beim fußwärts Tauchen, auf welche Weise ihr am schnellsten auf den Boden sinkt:

1. nach dem **Ein**atmen,

2. nach dem **Aus**atmen!

Führt dazu den folgenden Versuch durch:

Ihr braucht:

Wasser, Glaswanne, 2 Luftballons

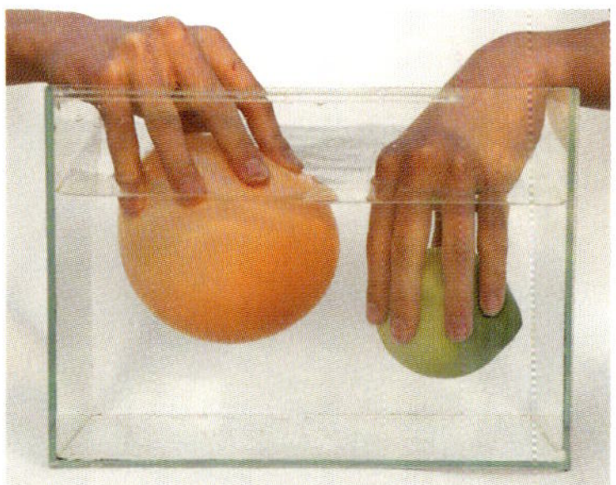

So geht's:

Füllt die Glaswanne halb mit Wasser! Nehmt dann die beiden Luftballons. Blast den ersten ganz auf, den anderen nur wenig!

Der volle Ballon ist ein Körper mit viel eingeatmeter Luft.

Der leere Ballon ist ein Körper mit wenig Luft.

Taucht die Ballons nacheinander ein!

Was entdeckt ihr?

Könnt ihr jetzt erklären, wann ihr schneller taucht?

Luft anhalten beim Tauchen

Wie lange könnt ihr nacheinander die Luft anhalten? Messt nach!

- Ein Kind **atmet tief ein** und hält die Luft an.
- Der Partner nimmt eine Uhr mit Sekundenzeiger und zählt die Sekunden, die das Kind die Luft anhält. Er schreibt das Ergebnis auf.
- Danach atmet das Kind **tief aus** und hält die Luft an.
- Der Partner zählt die Sekunden, bis es wieder Luft holt. Danach wird getauscht!

Probiere aus, wann du dich besser fühlst:
Wenn du **ein**geatmet hast und dann die Luft anhältst oder
wenn du **aus**geatmet hast und dann die Luft anhältst?
Im **ein**geatmeten Zustand kannst du die Luft besser anhalten. Warum?

Information
Die in der Lunge eingeatmete Luft wird vom Körper nach und nach verbraucht. Nach dem Einatmen kann man deshalb die Luft also noch gut einige Zeit anhalten.

Luftnot bei Anstrengung

Erzählt euch gegenseitig:
Habt ihr beim Sport, wenn ihr euch sehr angestrengt habt, schon einmal Atemnot bekommen?

So könnt ihr euch helfen:

1. **Hechelt** wie ein Hund, das heißt
   - ganz kurz und schnell einatmen!
2. **Ganz tief einatmen,** das heißt
   - zuerst in den Bauch,
   - dann in die Brust,
   - zuletzt hoch in die Schultern atmen!

Trainiert das Hecheln und das tiefe Atmen **gemeinsam:** Der Partner kontrolliert, ob sich Bauch, Brust und Schultern heben!

Luftnot bei Angst

Berichtet euch gegenseitig:
Wann habt ihr einmal richtig Angst gehabt?
Wie ging es euch dabei?

So könnt ihr euch helfen, wenn ihr Angst habt:
Atmet nur in den Bauch!
Wenn du allein bist, dann kannst du so üben:

Lege dich auf den Rücken mit einem Buch auf dem Bauch! Atme in den Bauch! Das Buch hebt und senkt sich.

Trainiert die Bauchatmung:
Legt eure Hand auf den Bauch des Partners und kontrolliert, ob sich der Bauch allein vorwölbt!

Luftnot beim Verschlucken

Du kannst dich verschlucken

- wenn du mit vollem Mund sprichst,
- wenn du mit vollem Mund trinkst,
- wenn du beim Essen durch den Mund atmest.

Das passiert im Rachen:

Der Weg der Luft ***(Luftröhre)*** und der Weg des Essens ***(Speiseröhre)*** überkreuzen sich im Rachen.

Damit die Nahrung durch die Speiseröhre in den Magen rutschen kann, wird beim Schlucken die Luftröhre durch den Kehldeckel geschlossen. Die Verbindung nach oben zur Nase wird durch das Gaumensegel geschlossen.

- Zeichne auf dem Arbeitsblatt „Ich habe mich verschluckt“ die Stellung des Kehlkopfdeckels beim Schlucken und beim Atmen ein! Klebe es in dein Gesundheitsheft!
- Kannst du jetzt die Mahnung „Sprich nicht mit vollem Mund!“ erklären?

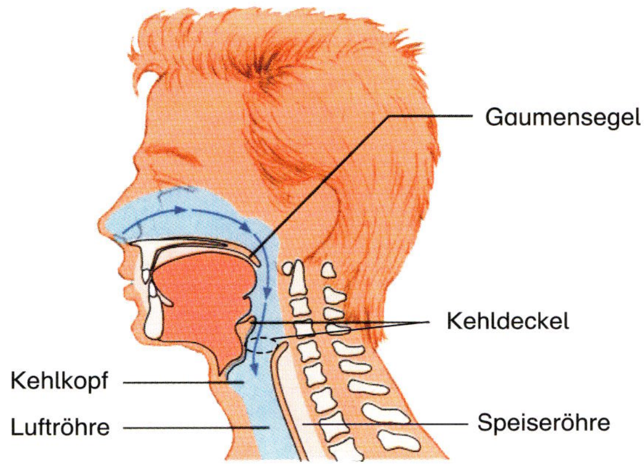

Hilfe beim Verschlucken

Du hast dich verschluckt.
Du hustest, aber der Fremdkörper will nicht aus der Luftröhre kommen.

So kannst du helfen:

- Ein Kind legt sich mit dem Kopf nach unten über deine Knie.
- Du klopfst mit der flachen Hand 4–5 mal kräftig zwischen seine Schulterblätter.

Probiert diese Hilfestellung gegenseitig aus!

Luftnot bei Asthma

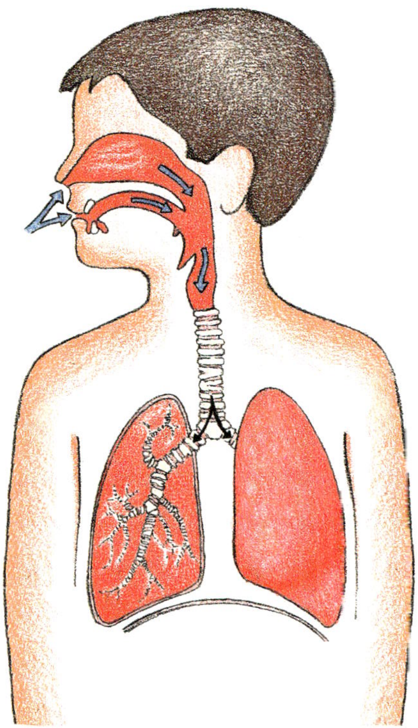

Wie entsteht Luftnot bei Asthma?
Die Luft wandert von der Nase durch die Luftröhre in die zwei Lungenflügel.
Hier verteilt sich die Luft in vielen kleinen Bronchien-Röhrchen.

Diese kleinen Röhrchen werden durch die Krankheit so eng, dass die Luft aus der Lunge nur schwer ausgeatmet werden kann. Der Kranke glaubt zu ersticken.

Auf der anderen Seite dieser Karte erfährst du, was bei Asthma hilft!

Luftnot bei Asthma

In der Lunge ist zu viel Luft. Sie muss heraus!

Das hilft:
Setz dich in den Kutschersitz!

Atme mit Lippenbremse! Das heißt: Atme durch die locker aufeinander liegenden Lippen aus! Dabei blähen sich deine Wangen etwas auf.

Geh in die Hängebauchlage! Knie dich hin, Po auf die Fersen, Knie weit auseinander, Kopf seitlich auf die Arme!

Atme wieder mit Lippenbremse!

Probiert es nacheinander aus, der Partner gibt jeweils Hilfestellung!

Luftnot bei schlechter Luft in der Klasse

Bist du im Unterricht manchmal ganz müde und musst dauernd gähnen?

Information

In der Klasse ist schlechte Luft.

Du gähnst, weil dein Körper mehr Luft (Sauerstoff) braucht. Beim Gähnen reißt du den Mund weit auf und holst tief Luft.

Tipp: So bekämpfst du deine Müdigkeit!

Öffne ein Fenster! Stelle dich davor. Atme tief ein

- erst in den Bauch,
- dann in die Brust,
- bis hoch in die Schultern.

Beim **Ein**atmen die Arme hoch über den Kopf nehmen!

Beim **Aus**atmen die Arme wieder senken!

Probiere es 5-mal aus!

Luftnot verursacht durch Qualm

Wenn es brennt, sieht man dicke Rauchwolken. Warum es gefährlich ist, diesen Qualm einzuatmen, kann man durch folgenden Versuch herausfinden.

Zündet ein Teelicht an! Was passiert mit dem Wachs der Kerze?

Haltet eine Glasschale über die Kerzenflamme! Was entdeckt ihr?

Überlegt, was passiert, wenn dieser Qualm in die Luftröhre kommt!

Wie verhaltet ihr euch, wenn es in einem Raum Qualm gibt?

Ich kaue die Nahrung

Mit deinen Zähnen zerkleinerst du die Nahrung. Sie wird mit Speichel (Spucke) zu einem Brei vermischt. Je öfter du kaust, umso schneller kann der Magen die Nahrung weiter verarbeiten.

Nimm dir ein Stück Apfel und kaue jeden Bissen mindestens 25 mal.

Das schadet den Zähnen. Erkläre, warum! Schreibe es in dein Gesundheitsheft!

Ich kaue die Nahrung

Max will mit Leo in der Pause Fußball spielen. Er schlingt sein Butterbrot herunter, damit er schnell fertig wird. Aber das bekommt ihm gar nicht gut. Er kann das Brot nicht hinunter schlucken.
Solche Probleme beim Schlucken kannst du vermeiden, indem du jeden Bissen mindestens 25-mal kaust. Dabei fließt Speichel und weicht den Bissen ein. So kannst du ihn besser schlucken.

Führe dazu einen Versuch durch:

Du brauchst:
Eierbecher, Paniermehl

So geht's:
Fülle den Eierbecher mit Paniermehl. Schütte den ganzen Inhalt des Eierbechers in den Mund. Wie lange brauchst du, um das Paniermehl hinunter zu schlucken?

Was passiert?

Erkläre deine Beobachtung.

Es schmeckt mir!

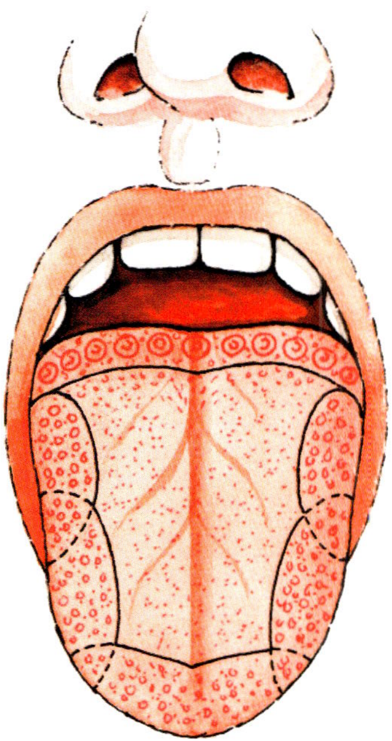

Schmecken kannst du mit der Zunge. Mit einer trockenen Zunge schmeckst du nichts, deshalb sondert sie Speichel ab. Deine Nahrung wird vom Speichel aufgelöst und verteilt sich auf der Zunge. Die Zunge hat verschiedene Geschmacksknospen. Damit schmeckst du süß, sauer, salzig und bitter. Schau dir deine Zunge (die Geschmacksknospen) im Spiegel an!

Probiere aus, an welchen Stellen der Zunge du süß, sauer, salzig, bitter schmecken kannst und trage es auf dem Arbeitsblatt „Es schmeckt mir“ ein.

Besprecht euch miteinander und tragt in euer Gesundheitsheft ein, was der Zunge schaden kann!

Lösung: Zu heiß essen – du kannst dir die Zunge verbrennen; ein Messer ablecken – du kannst in die Zunge schneiden.

Es schmeckt mir!

Mischt in die 4 Gläser mit Wasser je 1 Teelöffel (Tl) mit

Rührt gut um!
Taucht ein Wattestäbchen in eine der Mischungen ein!

Probiert damit an verschiedenen Stellen der Zunge aus, wo ihr was schmeckt!
Auf dem Arbeitsblatt „Es schmeckt mir“ könnt ihr es eintragen.

Mir läuft das Wasser im Mund zusammen

Du siehst ein Eis. Schon läuft dir das Wasser im Mund zusammen. Wie kommt das? Auch Augen und Nase helfen bei der Verdauung. Durch den Anblick und den Geruch von Speisen fängt der Speichel an zu fließen.

So verhältst du dich richtig:

Damit deine Verdauungsorgane gut arbeiten können, darfst du dich beim Essen nicht ablenken lassen, zum Beispiel durch Fernsehen.

Das Auge isst mit: Ein schön gedeckter Tisch macht mehr Spaß am Essen.

Male deinen Frühstücksplatz in dein Gesundheitsheft!

Mir läuft das Wasser im Mund zusammen

Information

Du hast immer Speichel im Mund. Das merkst du daran, dass du immer wieder einmal schlucken musst. Der Speichel wird von 3 Drüsen im Mund gebildet.

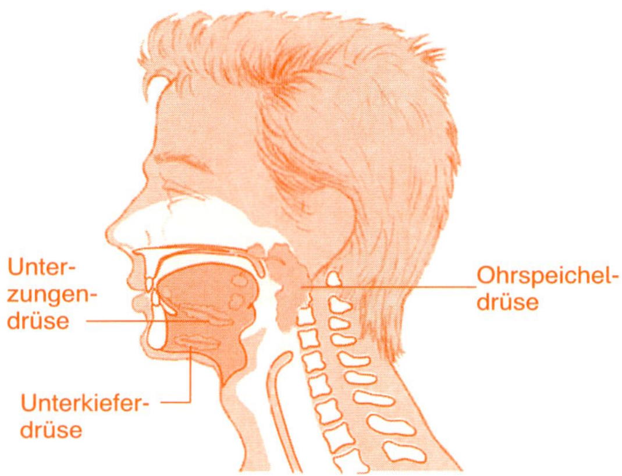

Du brauchst Speichel

- damit du sprechen kannst (wenn du aufgeregt bist und einen trockenen Mund hast, kannst du nicht gut reden),
- damit die Nahrung besser in die Speiseröhre rutscht,
- zur Reinigung des Mundes (Speichel spült Bakterien weg),
- zur Verdauung (Speichel verwandelt Stärke in Zucker).

Iiih – Mundgeruch! Atemtest

Eigentlich sind Sarah und Anna gute Freundinnen. Aber heute hört Sarah ihrer Freundin nicht gern zu. Sprecht in der Gruppe darüber, wie Sarah sich verhalten soll!

Prüft gegenseitig, ob ihr vielleicht selber aus dem Mund riecht!

Presse deine Lippen zusammen und atme nur durch die Nase aus! Dein Partner prüft, ob er etwas riecht. Stellt er einen schlechten Geruch fest, so kommt dieser aus dem Magen.
Halte deine Nase zu und atme aus dem Mund aus!
Riecht dein Partner etwas?
Dann liegt die Ursache im Mund.

Iiih – Mundgeruch!

Das sind die Ursachen von Mundgeruch:

1. Schlechte Zahnpflege. Speisereste hängen zwischen den Zähnen und beginnen zu faulen und schlecht zu riechen.
2. Eine Entzündung im Mund oder eine Mandelentzündung.
3. Stark riechende Lebensmittel wie Knoblauch oder Zwiebeln können noch aus dem Magen heraus riechen.

Beantworte die Fragen! Schreibe die Antworten in dein Gesundheitsheft!!

- Welche Ursachen hat schlechter Mundgeruch?
- Was hilft dagegen?

Ich habe einen Schluckauf

So kannst du einen Schluckauf wieder loswerden!

Probiere diese Tricks aus:

Sieben Schluck Wasser trinken ohne anzuhalten.

Nase zuhalten und Luft anhalten solange du kannst.

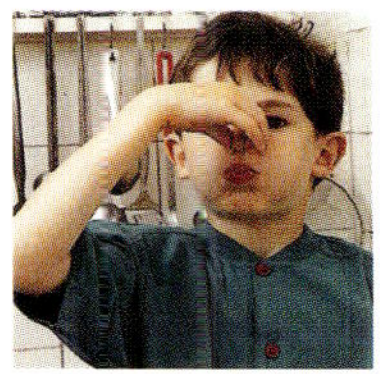

Ohren zuhalten und Luft anhalten solange du kannst.

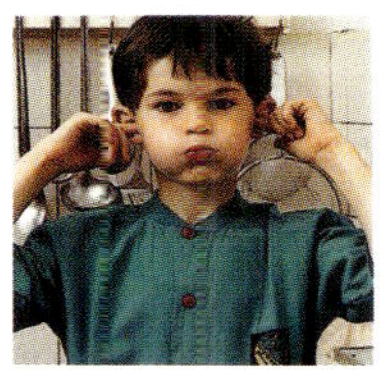

Weitere Tipps:

Dreimal trocken schlucken, ohne Luft zu holen!

Einen Schluck Wasser in den Mund nehmen und mit geschlossenem Mund „Hänschen klein“ summen!

Was haben die Vorschläge gemeinsam? Sprecht darüber!

So entsteht ein Schluckauf

Du bekommst ihn,

1. wenn du zu schnell isst oder trinkst.
2. wenn du dich vor Aufregung beim Sprechen verhaspelst.

Das passiert im Körper:

Das Zwerchfell zieht sich ruckartig zusammen.

Das ist nicht gefährlich, aber lästig!

Wo liegt das Zwerchfell? Informiere dich an einem Körpermodell.

Schreibe in dein Gesundheitsheft, wie du den Schluckauf verhindern kannst!

Probiere die Tricks auf der anderen Seite der Karte aus!

Ich muss aufstoßen

Information

Oft hast du beim Rülpsen auch das Gefühl, als sei dein Magen übervoll. Das liegt an dem, was du gegessen hast. Einige Speisen liegen lange im Magen!

Tipps:

Kleine Portionen essen.
Langsam essen.
Gut kauen!
Fette Speisen vermeiden.
Nach dem Essen spazieren gehen.
Zu viel Cola kann die Magenschleimhaut angreifen!

Wie lange Lebensmittel im Magen liegen:

1–2 Stunden:	Milch, Reis, weiche Eier, Weißbrot, geräucherter Fisch
2–3 Stunden:	Kartoffeln, Joghurt, Pudding, Sahne, Eierspeisen, Brötchen
3–4 Stunden:	Schwarzbrot, Nüsse, Spinat, Bratkartoffeln, Schinken, gekochtes Geflügel
4–5 Stunden:	Linsen, Erbsen, Schnittbohnen, Kalbsbraten, Rindfleisch, Rauchfleisch
5–7 Stunden:	Schweinebraten, gebratenes Geflügel
8–9 Stunden:	Ölsardinen

Ich muss aufstoßen – warum?

Das passiert: Plötzlich steigt Luft aus dem Magen in den Mund auf.
Wann musstest du aufstoßen?

1. Wenn du beim Essen Luft geschluckt hast.
2. Wenn du Sprudel getrunken hast.
3. Wenn du schwer verdauliche Speisen gegessen hast.

Erklärt euch den Weg des Aufstoßens mit Hilfe der Zeichnung!
Entnehmt die beteiligten Körperteile einem Körpermodell und schaut sie euch an!
Stellt eine Mineralwasserflasche auf den Kopf! Was passiert?
Schaut auf der anderen Seite der Karte noch einmal nach, wie lange einzelne Lebensmittel im Magen liegen und erklärt, was schwer verdauliche Speisen sind!

Fragt eure Eltern, was sie mit euch gemacht haben, wenn ihr als Baby Milch getrunken habt!

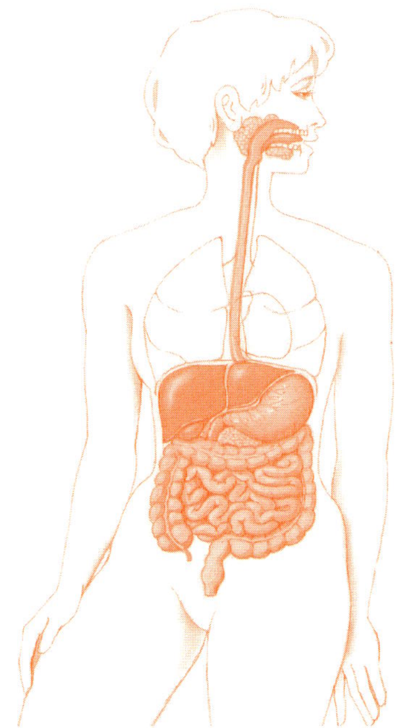

Mein Magen knurrt

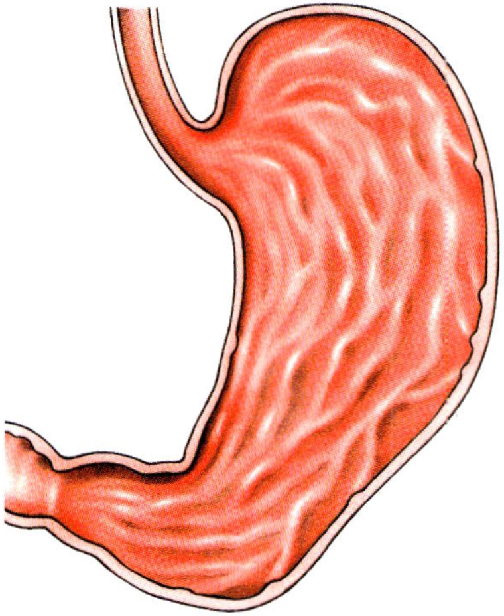

Information

Dein Magen ist ein sackartiges Organ. Es kann bis zu 3 Liter Nahrung aufnehmen.

Der Magen zieht sich ständig zusammen. Dabei wird die Nahrung mit Verdauungssäften vermischt. Das kannst du hören!

Wenn die Nahrung verdaut ist, entstehen besonders laute Geräusche, weil nur noch Luft im Magen zurückbleibt. Diese Luft wird dann im Magen hin und her geschoben. Dadurch entsteht Magenknurren.

Mein Magen knurrt

Baut euch ein Hörgerät! (Stethoskop)

Du brauchst:
40 cm Schlauch, 2 Trichter

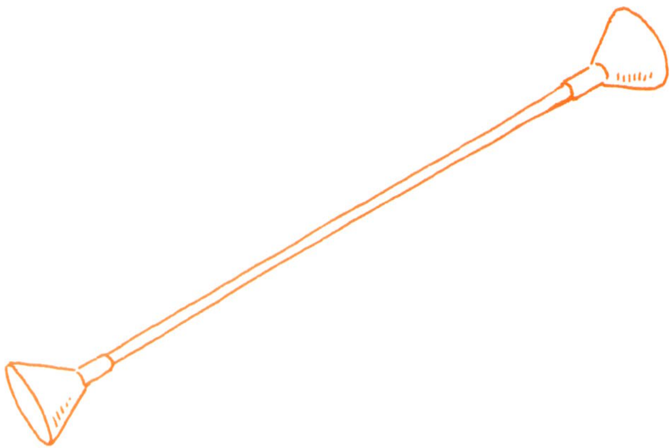

So geht's:
Steckt die Trichter in die Schlauchenden. Ein Kind hält den einen Trichter an den Magen eines Partners und den anderen Trichter an sein Ohr!

Jetzt kann man mit dem Hörgerät den Geräuschen im Bauch des Partners lauschen!
Trinkt oder esst etwas und hört dann mit dem Trichter den eigenen Bauch ab!

Mir ist schlecht

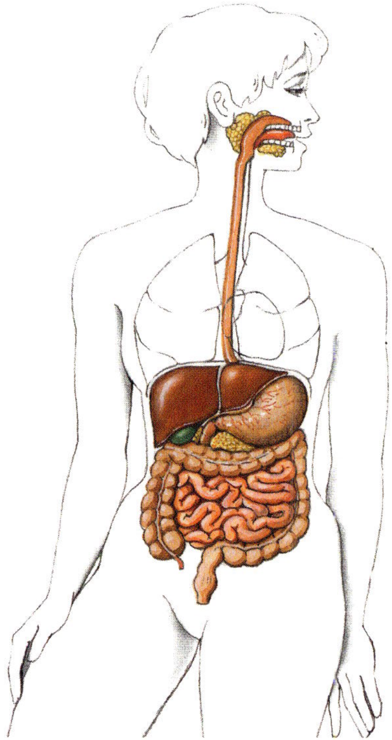

Erinnere dich, wovon dir schlecht wurde!
Gründe:
Du hast etwas Verdorbenes gegessen.
Du hast dich furchtbar erschrocken.
Du hattest eine andere Krankheit.

Wenn dir schlecht ist, wird die Nahrung rückwärts aus dem Magen nach draußen befördert. Dabei ziehen sich die Muskeln ruckartig zusammen.

Erklärt euch den Weg der Nahrung mit Hilfe der Zeichnung!
Entnehmt die beteiligten Körperteile einem Körpermodell und schaut sie euch an!

Tipps gegen Übelkeit

Information

So könnt ihr erkennen, dass es jemand anderen schlecht ist:

Speichel fließt in den Mund.

Es bricht ihm/ihr der Schweiß aus.

Er/sie ist blass.

Er/sie fühlt sich schwach.

Das kannst du tun, wenn dir schlecht ist:

Nicht essen!

Ein Glas mit Pfefferminztee in kleinen Schlucken trinken.

Probiere die Teezubereitung aus.

So geht's:

Wasser kochen, über den Teebeutel gießen.

Ich habe Magenschmerzen

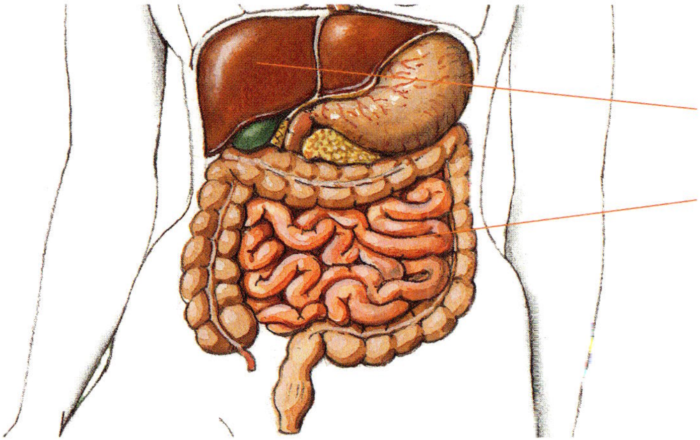

So könnt ihr unterscheiden, ob Schmerzen aus dem Magen oder aus dem Bauch kommen.
Hier spürt man Magenschmerzen, denn hier liegt der Magen.
Hier spürt man Bauchschmerzen. Im Bauch liegt der Darm.
Schaut euch Magen und Darm auch in einem Körpermodell an! Vergleicht mit dem eigenen Körper!
Tastet sie am eigenen Körper ab!
Zeigt euch gegenseitig, wo sich Magen und Darm bei euch befinden!

Ich habe Magenschmerzen

Hier sind 3 Tipps, wie du dir bei Magenschmerzen hilfst:
Probiere ein Rezept aus!

Wenn die Magenschmerzen so nicht weggehen, musst du zum Arzt!
Schreibe die Tipps in dein Gesundheitsheft!

Koch dir einen Fencheltee mit Kümmelsamen.

Feuchtwarme Wickel oder ein warmes Bad wirken beruhigend und schmerzlindernd.

Ein Teelöffel Kamillenblüten mit einer Tasse kochendem Wasser überbrühen, drei bis sechs Minuten ziehen lassen und noch warm trinken. Du kannst dir alle halbe Stunde einen solchen Aufguss zubereiten.

Ich habe Bauchschmerzen

Bei Bauchschmerzen muss man wissen, woher die Schmerzen kommen.
Schmerzen im Oberbauch kommen vom Magen.
Schmerzen im Unterbauch kommen oft vom Darm.
Sie entstehen durch Blähungen.

Man isst und trinkt nur aus einem Grund: um Nährstoffe aus den Nahrungsmitteln zu bekommen. Bevor der Körper sie aufnehmen kann, müssen sie in winzig kleine Teile zerlegt werden. Der Dünndarm filtert die wertvollen Nährstoffe aus der Nahrung heraus. Das geht umso besser, je größer die Filterfläche ist. Deshalb ist der Dünndarm 6 Meter lang.
Damit dieser lange Dünndarm in den Bauch passt, ist er gefaltet.

Könnt ihr euch vorstellen, wie lang 6 Meter sind? Wickelt 6 Meter von einem Wollknäuel ab! Spannt den Faden zwischen euch!

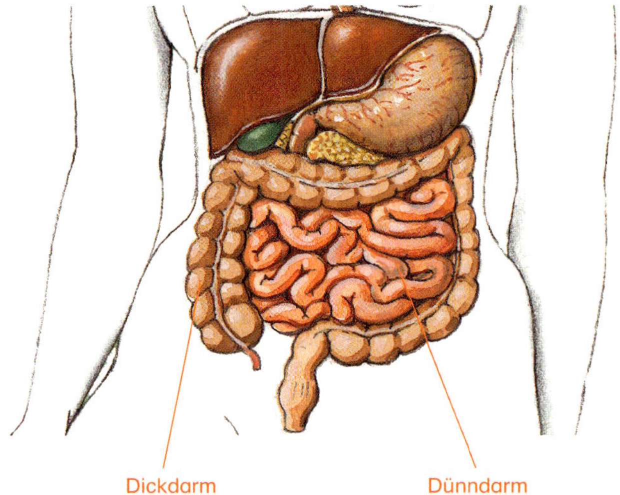

Wie erkenne ich eine Blinddarmreizung?

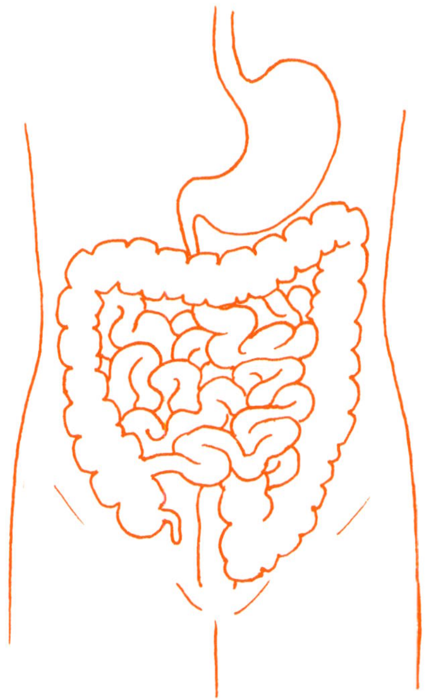

Bauchschmerzen können auch durch eine Blinddarmreizung entstehen. Dann hat sich der Wurmfortsatz, der am Blinddarm sitzt, entzündet. Diese Entzündung verursacht Seitenstechen auf der rechten Seite, Erbrechen, Durchfall und Fieber. Eventuell musst du dann ins Krankenhaus. Dort wird der Wurmfortsatz durch Operation entfernt.

Suche den Blinddarm am Torso!
Male ihn auf dem Arbeitsblatt „Der Bauch-Torso“ farbig an! Beschrifte die Organe. Klebe in dein Gesundheitsheft!

Ich habe Verstopfung

Information

Wenn du 3 Tage keinen Stuhlgang hast, hast du Verstopfung. Du fühlst dich vollgefuttert. Auf der Toilette musst du stark pressen. Der Stuhlgang ist dick und hart. Der Dickdarm zieht sich durch Ringmuskeln zusammen und befördert den Stuhlgang so weiter. Das geht nur, wenn der Stuhl genug Wasser enthält. Bleibt der Speisebrei zu lange im Dickdarm, wird ihm immer mehr Wasser weggenommen; er wird hart. Er kann nur schwer weiterbefördert werden.

Grund für die Verstopfung kann sein:

Du hast ungesunde Nahrung gegessen und zu wenig getrunken. (Lies auf der anderen Seite dieser Karte, wie du dich richtig ernährst!)

Du bewegst dich zu wenig, dann arbeitet der Dickdarm nicht richtig.

Du hast keine Zeit für den „Stuhlgang“.

Tipps bei Verstopfung

Durch gesundes Essen und viel Bewegung beugst du der Verstopfung vor!

Richtig: Obst, Gemüse und Vollkornprodukte lassen den Dickdarm besser arbeiten.

Falsch: Nahrung ohne Ballaststoffe macht den Dickdarm träge.

Nimm bei Verstopfung niemals Abführmittel! Trink lieber ein Glas Sauerkrautsaft!
Schreibe in dein Gesundheitsheft, wie du Verstopfung vermeiden kannst!
Stelle dir aus gesunden Nahrungsmitteln ein Super-Pausenfrühstück zusammen!
Organisiert gemeinsam ein leckeres und gesundes Klassen-Frühstück!

Wie Darm und Speiseröhre die Nahrung befördern

Der Darm kann sich durch Ringmuskeln zusammenziehen. Er transportiert den Stuhl, indem er sich zusammenzieht und wieder löst. Dadurch wird der Stuhl im Darm weitergeschoben.
Dieser Versuch veranschaulicht, wie der Darm arbeitet.

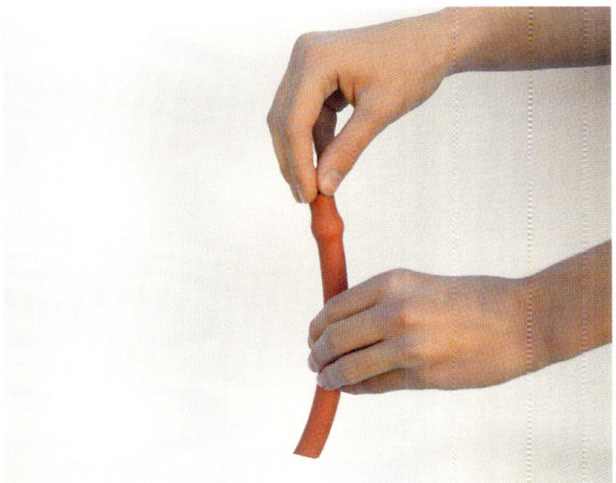

Ihr braucht:
ein Stück Schlauch/einen Strumpf, Holzkugel/Ball

So geht's:
Der Schlauch stellt den Darm dar. Die Holzkugel soll der Stuhl sein. Eure Finger sind die Ringmuskeln. Transportiert die Kugel durch den engen Gummischlauch! Ihr könnt auch einen Ball durch einen engen Strumpf schieben.
So wie eure Finger den Schlauch zusammendrücken, so schnüren die Ringmuskeln den Darm ein.

Ich habe Durchfall

Durchfall kündigt sich meist durch starke Blähungen an.
Dein Darm bewegt sich sehr schnell, deshalb kann er nicht die Flüssigkeit aus dem Stuhlgang herausziehen. Der Stuhl ist flüssig.
Sammele gemeinsam mit einem Partner Gründe für die Entstehung von Durchfall.

Schaut euch den Dickdarm in einem Körpermodell an!
Versucht, die Lage des Dickdarms an eurem Körper zu bestimmen!
Schreibe in dein Gesundheitsheft, wie du Durchfall vermeiden kannst!

Durchfall kannst du bekommen,

- wenn du verdorbene Lebensmittel oder unreifes Obst gegessen hast;
- wenn du etwas sehr Kaltes isst oder trinkst, zum Beispiel Eis;
- wenn du aufgeregt bist oder Angst hast;
- wenn sich eine Krankheit ankündigt.

Tipps gegen Durchfall:
Bleib in der Nähe einer Toilette. Du kannst den Stuhl schwer zurückhalten.
Iss eine Banane. Sie stopft.
Du verlierst bei Durchfall viel Flüssigkeit und damit wichtige Stoffe wie Mineralien. Deshalb musst du viel Tee oder Wasser trinken.

So putzt du deine Zähne richtig

Du brauchst:
Zahnbürste, Zahnpasta, Becher

So geht's:

- Stell die Zähne aufeinander und putze in Kreisen von rot nach weiß! Erst vorn und dann die Seiten.
- Die Kauflächen der Backenzähne von hinten nach vorne kräftig schrubben!
- Die Innenflächen der Schneidezähne oben und unten von rot nach weiß bürsten.
- Die Innenseiten der Backenzähne links und rechts vom Zahnfleisch zu den Zähnen putzen.
- Zum Schluss den Mund mit Wasser ausspülen. Presse das Wasser durch die Zahnzwischenräume!

Bringt eure Zahnbürsten von zu Hause mit und übt die Putztechnik 3 Minuten lang nach dem Pausenfrühstück!

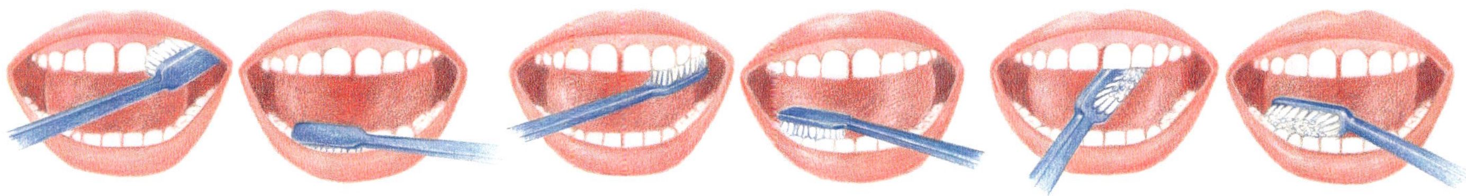

Warum sollst du von rot nach weiß putzen?

Mit Hilfe dieses Versuchs könnt ihr die Frage beantworten.

Ihr braucht:
Kamm als Gebiss, Wattefäden als Speisereste

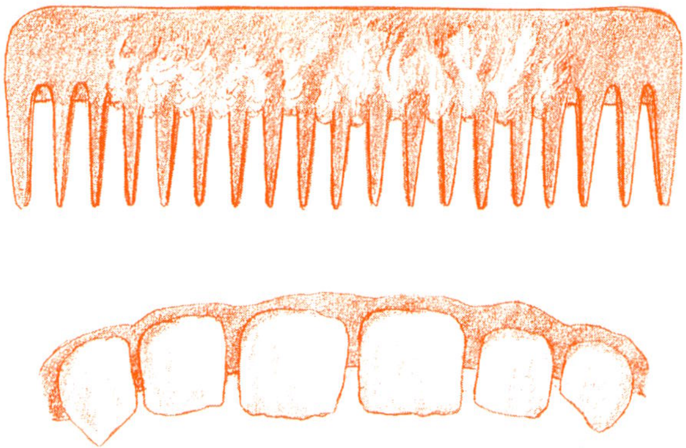

So geht's:
Steckt Watte zwischen die Zähne eines Kamms! Versucht, die Watte mit der Zahnbürste zu entfernen! Wie gelingt es am besten:
Wenn ihr quer hin und her bürstet?
Wenn ihr von oben nach unten bürstet?

Begründet mit diesem Versuch, warum ihr von rot nach weiß putzen sollt!

Warum sollst du die Zähne 3-mal am Tag putzen?

Mit dem folgenden Versuch kannst du ausprobieren, was mit den Speiseresten passiert, wenn sie lange im Mund bleiben und nicht von der Zahnbürste entfernt werden.
Ein Marmeladenglas ist euer Mund.
Füllt Reste von eurem Schulfrühstück hinein, so wie es in eurem Mund bleibt: Milch, Brotkrümel, Käse, Wurst, ... Stellt das Glas an eine warme Stelle! Wartet einige Tage. Schaut und riecht, was geschieht. Erklärt damit, warum nach jeder Mahlzeit die Zähne geputzt werden sollen!

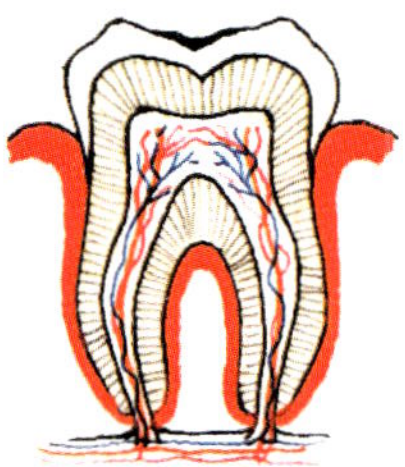

Information
Im Mund beginnt bereits die Verdauung, wenn du die Nahrung kaust. Bakterien helfen die Nahrung zu zersetzen. Dabei entsteht Säure, die den Zahnschmelz angreift. Schäden erscheinen zuerst als braune Flecken am Zahn, die sich zu Löchern vertiefen können. Solche Löcher müssen vom Zahnarzt gefüllt werden, damit sich Bakterien darin sammeln können. Sie würden nämlich das Zahnbein angreifen und dann bekommt man schreckliche Zahnschmerzen.
Besonders gefährlich für die Zähne ist Zucker. Beim Genuss von zuckerhaltigen Lebensmitteln bildet sich die Säure im Mund schon nach wenigen Minuten!
Lass deine Zähne 2-mal im Jahr vom Zahnarzt untersuchen!

Warum benutzt du Zahnpasta?

In der Zahnpasta befinden sich Wirkstoffe, die deine Zähne schützen. Fluor ist ein solcher Stoff. Was diese Stoffe bewirken, erfährst du durch folgenden Versuch: Vergleicht, was jeweils mit einem ungeputzten und einem geputzten Zahn passiert, wenn sie mit Säure in Berührung kommen.

Ihr braucht:

Anstelle eines Zahns nehmt ihr ein Ei. Anstelle des sauren Zahnbelags nehmt ihr Essig.

So geht's:

1. Versuch

Der Zahn wurde mit Zahnpasta geputzt. Deshalb bestreicht ihr das Ei mit Zahnpasta. Wartet 3 Minuten, so lange, wie ihr die Zähne putzt. Dann wischt die Zahnpasta ab und legt das Ei in das Glas mit Essigwasser.

2. Versuch

Der Zahn wurde nicht geputzt. Deshalb legt ihr das Ei unbehandelt in das Glas mit Essigwasser.

Beobachtet, was passiert! Vergleicht die Ergebnisse!

Kennst du dein Knochengerüst?

Seit Herr Röntgen im Jahr 1895 Strahlen entdeckte, die feste Gegenstände durchdringen, kann man „Röntgen"-Bilder vom Knochengerüst (= Skelett) anfertigen. Darauf kann man dann auch Knochenbrüche sehen.

Vielleicht hat ein Kind zu Hause ein Röntgenbild, das es mitbringen kann. Vergleicht das Röntgenbild mit dem Skelett! Was ist zu sehen?
Tastet euren Körper oder den eines Mitschülers ab! Welche Knochen könnt ihr fühlen?

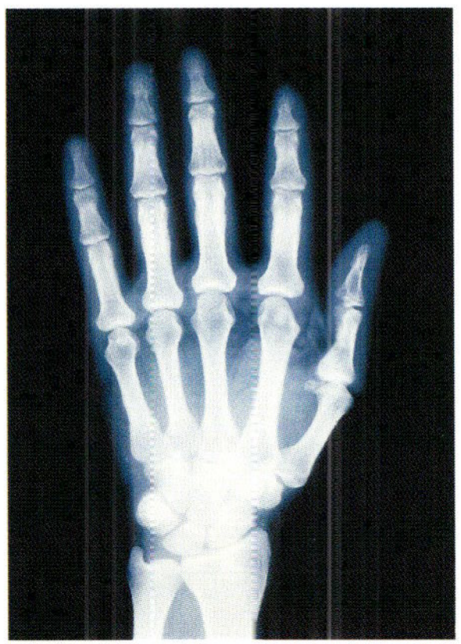

Tragt auf dem Arbeitsblatt „Das Skelett" die Namen der Knochen ein! Lest dazu die andere Seite dieser Karte!
Knochen können brechen. Sprecht darüber, wobei das passieren kann. Bei welchen Tätigkeiten seid ihr besonders gefährdet?
Tragt in euer Gesundheitsheft ein, welche Aufgabe die Knochen haben und wie ihr Knochenbrüche vermeiden könnt!

Kennst du dein Knochengerüst?

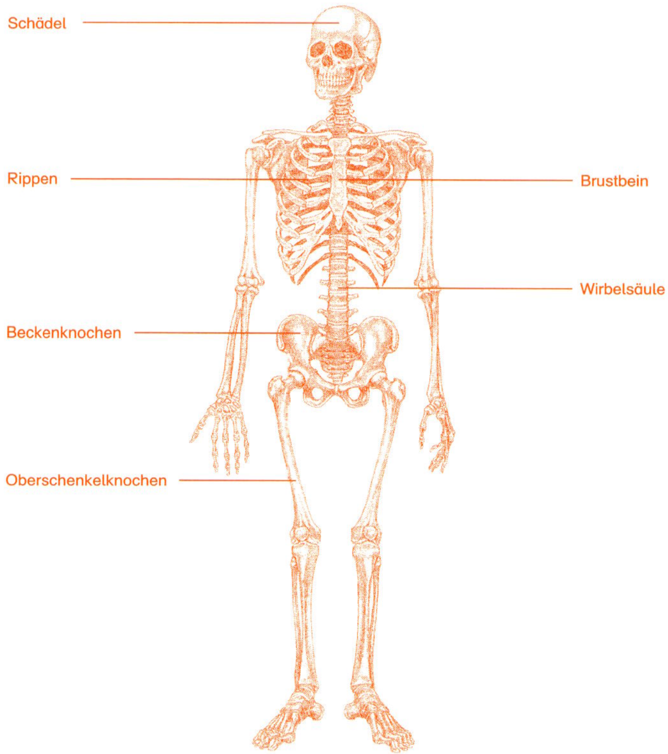

Information

Knochen stützen den Körper und geben ihm Halt. Sie sind durch Muskeln und Sehnen miteinander verbunden. Wenn die Muskeln an den Knochen „ziehen“, werden diese bewegt.

Knochen schützen wichtige Organe:
Der Schädel schützt das Gehirn und die Sinnesorgane. Deshalb sind die 24 Schädelknochen fest miteinander verwachsen. Nur der Unterkiefer ist beweglich. Der Schädel sitzt auf der biegsamen Wirbelsäule.
Rippen und Brustbein schützen Herz und Lunge.
Der große Beckenknochen ist wie eine Schüssel geformt, in der die Eingeweide liegen. Der stärkste und längste Knochen ist der Oberschenkelknochen. Er muss dein Gewicht und zusätzliche Lasten aushalten.

Wozu dienen Gelenke?

Gelenke sind Stellen, an denen Knochen aufeinander treffen. Sie machen dich beweglich.

1. Welche Bewegungen könnt ihr ohne Kniegelenk nicht ausführen? Mit Hilfe eines Holzstabes und einer Binde könnt ihr es ausprobieren (s. Zeichnung) … Gehen, kriechen, Schuh anziehen, knien, Treppen steigen, …

2. An welchen Stellen deines Körpers hast du Gelenke? Führt Bewegungen aus und tragt die Gelenkstellen auf dem Arbeitsblatt „Das Skelett" ein! Zeichnet einen roten Kreis an die entsprechende Stelle!
3. In welche Richtungen lassen sich deine Gelenke bewegen? Probiere es aus!

   Mit diesem Kugelgelenk kannst du Bewegungen in alle Richtungen ausführen.

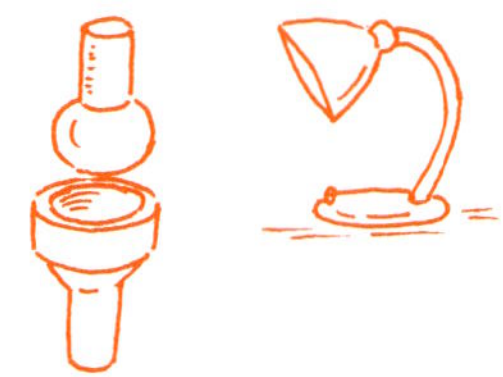

   Mit diesem Scharniergelenk kannst du nur Bewegungen in eine Richtung ausführen.

4. Bewege folgende Gelenke und entscheide, ob es sich um ein Kugel- oder ein Scharniergelenk handelt: Hand-, Ellenbogen-, Schulter-, Finger-, Knie-, Fuß- und Hüftgelenk.

Bist du gelenkig?

Schaffst du das?

- ... dir selbst hinter dem Rücken die Hand geben (ein Arm von oben, ein Arm von unten);
- ... den dicken Zeh in den Mund stecken;
- ... den Daumen an den Unterarm legen;
- ... einen Fuß vorwärts und den anderen rückwärts dagegen stellen;
- ... aus dem Schneidersitz aufstehen, ohne die Hände zur Hilfe zu nehmen;
- ... den großen und den kleinen Zeh auf den Boden drücken und die drei mittleren Zehen auf- und abbewegen.

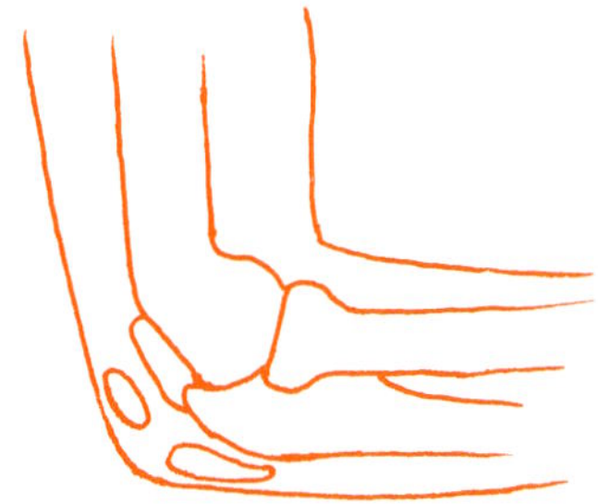

Schmerzen im Gelenk entstehen, wenn ein Gelenk überlastet wird, zum Beispiel wenn ihr beim Tennisspielen zu lange den Ellenbogen belastet. Dann kann sich ein Schleimbeutel entzünden. Dieser schützt Muskeln und Sehnen, damit sie sich nicht an den Knochen reiben.

Tipp: Bei einer Schleimbeutelentzündung sollte man mit kalten Umschlägen kühlen und das Gelenk schonen.

Überlege, bei welchen Sportarten bestimmte Gelenke besonders belastet werden! Notiere in deinem Gesundheitsheft und schreibe den Tipp dazu!

Warum kannst du aufrecht gehen?

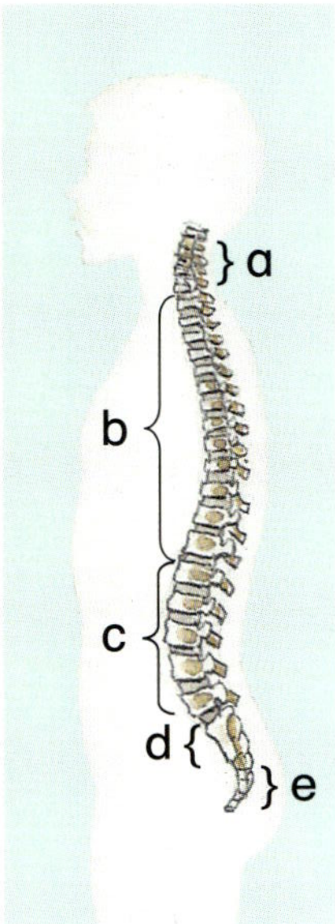

Die Wirbelsäule ist die wichtigste Stütze für deinen Körper. Sie macht es möglich, dass du aufrecht gehen kannst. So heißen die Teile der Wirbelsäule:

a) Halswirbel
b) Brustwirbel
c) Lendenwirbel
d) Kreuzbeinwirbel (sind verwachsen)
e) Steißbeinwirbel (sind verkümmert)

Trage die Namen der Teile auf dem Arbeitsblatt „Die Wirbelsäule" ein!

Versuche, die Teile der Wirbelsäule an deinem Partner zu ertasten!

Fahre die Form der Wirbelsäule mit dem Finger nach!

Warum hat die Wirbelsäule die Form eines doppelten S?

Stellt euch vor, ihr tragt eine schwere Last. Eure Wirbelsäule muss dieses Gewicht aushalten. Warum sie nicht gerade oder nur rund geformt ist, sondern die Form eines doppelten S hat, könnt ihr mit dem folgenden Versuch beantworten.

Ihr braucht:

Holz-/Styroporplatte, Draht, Gewichte

So geht's:

Biegt zwei Drahtstücke so wie auf der Abbildung zurecht! Sie sollen verschiedene Formen einer Wirbelsäule darstellen. Steckt sie in die Löcher auf der Holzplatte! Hängt an jeden Draht ein Gewicht. Das kann auch ein Säckchen mit gleich vielen Murmeln sein. Gebt anschließend in jedes Säckchen gleich viele Murmeln mehr hinein! Beobachtet, welche Wirbelsäule das Gewicht am besten tragen kann!

Die Wirbelsäule ist:	einfach gebogen	doppelt gebogen

Sicher könnt ihr euren Mitschülern jetzt erklären, warum die Wirbelsäule die Form eines doppelten S hat!

Wozu dienen die Bandscheiben in der Wirbelsäule?

Bei dieser Bewegung muss die Wirbelsäule „federn“ können, um Stöße abzufangen.

Auch beim Tragen einer Last dürfen die Wirbel nicht zusammengedrückt werden.
Zwischen den Wirbeln sitzen Bandscheiben. Das sind Platten aus Knorpel. Wozu sie gut sind, könnt ihr mit Hilfe diese Modells herausfinden:

Ihr braucht:
Holz-/Styroporplatte, Schaschlikspieße, 4 Holzscheiben, 4 Stücke Schaumstoff

So geht's:
1. Bohrt mit dem Schraubendreher ein Loch in die Holzplatte!
2. Steckt einen Holzspieß hinein!
3. Setzt abwechselnd 4 Holzscheiben und 4 Stücke Schaumstoff übereinander!

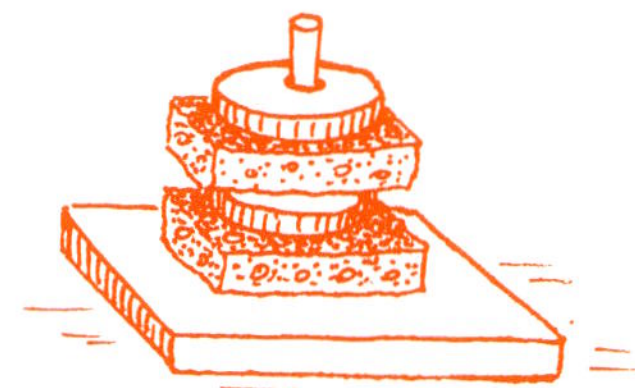

Beobachtet, was passiert, wenn das Modell eine Last tragen muss! Drückt dazu auf die oberste Holzscheibe! Was geschieht, wenn der Druck nachlässt?
Erklärt euren Mitschülern, wozu die Bandscheiben gut sind!

So viel darf dein Schulranzen wiegen

Wenn dein Schulranzen zu schwer ist, kann das deiner Wirbelsäule schaden und dir Schmerzen zufügen. Der Ranzen darf höchstens ein Zehntel deines Körpergewichtes wiegen. In der Tabelle kannst du ablesen, wie viel das ist:

Das Kind wiegt 30 Kilogramm (kg).
Wiege dich auf der Personenwaage! Schau in der Tabelle neben deinem Gewicht nach, wie viel dein Ranzen wiegen darf! Wiege dann deinen Ranzen! Ist er zu schwer?

Körpergewicht in kg	**Höchstgewicht des Ranzens**
25 kg	2,5 kg
26 kg	2,6 kg
27 kg	2,7 kg
28 kg	2,8 kg
29 kg	2,9 kg
30 kg	3,0 kg
31 kg	3,1 kg
32 kg	3,2 kg
33 kg	3,3 kg
34 kg	3,4 kg
35 kg	3,5 kg

Überlegt gemeinsam, was ihr tun könnt; wenn euer Ranzen zu schwer ist! Berichtet es im Gesprächskreis und stimmt über die Vorschläge ab!

Die Wirbelsäule kann sich verformen

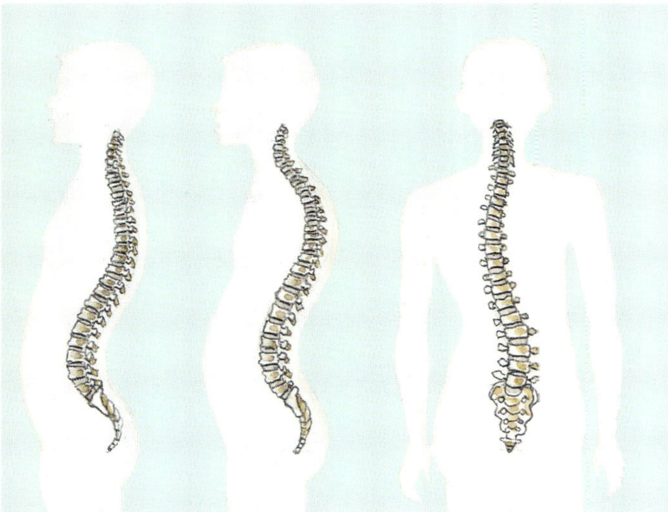

1. 2. 3.

Durch falsches Tragen von Gegenständen kann sich die Wirbelsäule an den Biegungen stärker krümmen. Das bereitet große Schmerzen, wenn man älter ist.

1. Der Schulranzen drückt unten auf die Lendenwirbel, wenn die Gurte zu lang sind. Es kann sich ein Hohlrücken bilden.
2. Ist der Schulranzen zu schwer und die Gurte zu kurz, dann beugt man sich nach vorn. Dadurch kann sich ein Rundrücken bilden.
3. Wird eine schwere Tasche immer nur an einer Seite getragen, kann sich die Wirbelsäule seitlich krümmen.

Wie tragt ihr euren Ranzen, wenn sich eure Wirbelsäule so verbiegt wie auf den Grafiken? Wie solltet ihr den Ranzen tragen, damit ihr der Wirbelsäule nicht schadet? Beobachtet, wie eure Haltung sich verändert. Überlegt, wie ihr euch beim Einkaufen helfen könnt!

Trägst du deinen Schulranzen richtig?

Ihr habt auf der anderen Seite der Karte gelesen, durch welches Verhalten ihr eurem Rücken schaden könnt. Überprüft nun gegenseitig, ob ihr euren Ranzen richtig tragt!

1. Tragt ihr den Ranzen an zwei Gurten?
2. Sind die Tragegurte zu kurz?
3. Sind die Tragegurte zu lang?
4. Drückt der Ranzen bei Tragen an einer Stelle?
5. Sitzt der Ranzen gerade und dicht am Rücken?

So schonst du deine Wirbelsäule beim Heben

Viele Menschen klagen über Rückenschmerzen an der Lendenwirbelsäule. Eine Ursache für die Schmerzen kann das falsche Heben und Tragen von Gewichten sein. Seht euch das Bild an! Wer trägt seine Last richtig?

Beim Heben und Tragen von schweren Gegenständen sollst du deinen Rücken immer gerade halten. Dann bleibt dein Rücken gesund. Übt das richtige Heben:

So hebt ihr den Milchkasten: In die Hocke gehen, Kasten nah am Körper halten und mit geradem Rücken aufstehen.

So tragt ihr den Kasten in die Klasse: Kasten eng am Körper tragen. Rücken gerade! Beim Absetzen: Wieder in die Hocke gehen!

Ihr helft nach Schulschluss, den Boden mit Schaufel und Handfeger zu kehren. Geht auch dabei in die Knie und haltet den Rücken gerade. Übt es!

Ihr putzt euch die Zähne am Waschbecken. Grätscht die Füße! Kippt das Becken vor, dabei werden die Knie leicht gebeugt. Haltet den Rücken gerade! Stützt euch mit einer Hand am Becken ab!

So schonst du deine Wirbelsäule

Viele Menschen, die im Alter einen krummen Rücken haben, hatten als Kinder eine schlechte Haltung. Schuld an einer schlechten Haltung sind schwache Muskeln, die den Körper nicht gerade halten können. Trainiert deshalb eure Muskeln! Dazu könnt ihr auch auf den Karten Nr. 58 und Nr. 59 nachschauen.

Übt die richtige Haltung bei folgenden Tätigkeiten:

1. Übt das Gehen mit geradem Rücken! Legt dazu ein Buch auf den Kopf und geht damit durch die Klasse!
2. Überprüft eure Haltung vor einem Spiegel! Becken kippen! Brust vor!
3. Beim Anziehen der Strümpfe nicht herunterbeugen, sondern auf einem Stuhl sitzend ein Bein hochziehen!

So schonst du deine Wirbelsäule beim Sitzen

In der Schule müsst ihr viel sitzen. Links seht ihr die richtige Haltung beim Sitzen, die die Wirbelsäule schont. Der Rücken sollte immer gerade sein. Wenn man wie dieses Kind mit krummen Rücken sitzt, schadet man der Wirbelsäule. Ihr sitzt dann aufrecht, wenn ihr das Becken vorkippt. Probiert es aus! Dabei richtet sich der Brustkorb auf. Beobachtet und kontrolliert euch gegenseitig!

Besondere Kissen für den Stuhl helfen euch, aufrecht zu sitzen. Bringt sie in die Schule mit und probiert sie aus!

Auch richtige Möbel helfen beim aufrechten Sitzen. Testet die richtige Höhe des Tisches!
Setzt euch auf euren Stuhl! Lehnt euch mit Rücken und Becken an! Legt die Arme auf den Tisch!

1. Kannst ich die Arme auf den Tisch legen, ohne dass ich meine Schultern dabei heben muss?
2. Befinden sich meine Ellenbogen in der Höhe der Tischplatte?
3. Ist zwischen meinen Oberschenkeln und der Tischplatte genug Platz?

Wenn ihr alle Fragen mit ja beantwortet habt, dann ist die Höhe des Tisches richtig. Beobachtete und beurteilt euch aber auch gegenseitig!
Was könnt ihr machen, wenn euer Tisch nicht die richtige Höhe hat? Besprecht es!

So schonst du deine Wirbelsäule beim Sitzen

Überprüft die richtige Höhe eurer Stühle!
Setzt euch aufrecht auf den Stuhl. Lehnt Rücken und Becken an!

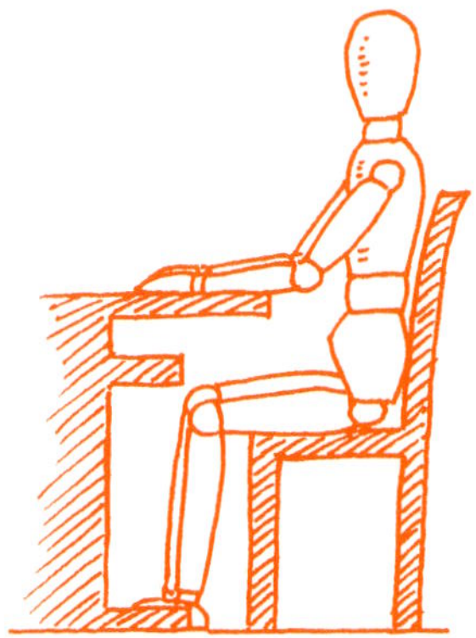

Beantwortet die Fragen!

1. Liegen meine Oberschenkel waagerecht auf dem Stuhl?
2. Stehen meine Füße gerade auf dem Boden?
3. Endet die Sitzfläche ein Stück vor der Kniekehle?
4. Stützt die Stuhllehne meinen Rücken beim Anlehnen unterhalb der Schulterblätter?
5. Stützt die Stuhllehne mein Becken beim Schreiben?

Wenn ihr alle Fragen mit ja beantwortet habt, dann ist die Höhe des Stuhles richtig. Beobachtete und beurteilt euch aber auch gegenseitig!

Ein häufiger Wechsel deiner Sitzposition hilft dem Rücken. Mit dem Gymnastikball könnt ihr euch auch beim Sitzen bewegen. Auf Karte Nr. 57 findet ihr Übungen mit dem Sitzball.

So sitzt du richtig auf dem Sitzball

Die Wirbelsäule braucht Bewegung, damit sie gesund bleibt. Auf dem Gymnastikball bewegst du dich automatisch, weil du dein Gleichgewicht halten musst. Bringt einen Ball mit in die Klasse!

Die Größe des Balles ist abhängig von deiner Körpergröße. Übt das Sitzen auf dem Ball! Du sitzt richtig, wenn die Füße ganz auf dem Boden stehen.

Ein Kind hüpft auf dem Ball auf und ab. Stütz dich dabei zuerst mit den Händen auf dem Ball ab. Hüpf dann ohne Festhalten im Kreis. Der Partner hilft, indem er deine Hand und deinen Arm festhält.

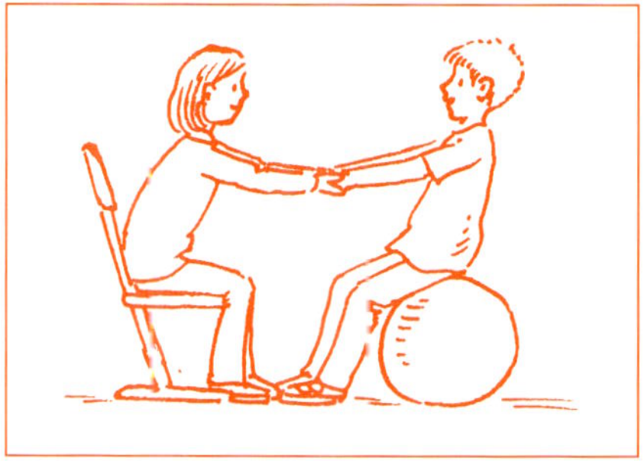

Ein Kind setzt sich auf den Ball, das andere auf den Stuhl. Fasst euch an, indem ihr die Arme in Schulterhöhe haltet! Zieht euch 10-mal vor und zurück! Tauscht die Plätze!

Übt Hinsetzen und Aufstehen! Dazu hältst du dich mit einer Hand am Ball fest, Beine gegrätscht. Beuge den Oberkörper leicht nach vorn. Setz dich 10-mal hin und steh wieder auf. Dann abwechseln.

So bewegst du dich auf dem Sitzball

Im Unterricht müsst ihr zuhören, lesen, schreiben und euch umdrehen, um andere Kinder anzusehen. Findet selber heraus, wie ihr diese Tätigkeiten auf dem Ball bewältigt! Überlegt auch, wozu die folgenden Übungen gut sind!

Setz dich auf den Ball! Stelle die Füße fest auf den Boden! Stütze nun die Ellenbogen auf deine Oberschenkel und lege den Kopf in deine Hände! Der Rücken bleibt gerade!

Knie dich vor den Ball! Lege den Bauch auf den Ball! Stütze nun die Ellenbogen auf den Ball und lege den Kopf auf deine Hände! Der Ball trägt das Gewicht von deinem Körper.

Setz dich auf den Ball! Die Beine sind leicht gegrätscht. Die Füße stehen fest auf dem Boden. Hebe deine Arme! Drehe sie mit Schwung nach links und rechts!

Rückengymnastik im Sitzen

Um gerade zu sitzen, spannst du deine Muskeln im Rücken an. Das ist anstrengend. So kannst du deine Rückenmuskeln lockern und dehnen! Probiere es aus! Bei allen Übungen musst du das Becken vorschieben und Bauch und Po anspannen!

1. Recke deine Arme abwechselnd so weit wie möglich nach oben! 10-mal wiederholen.

2. Lass die Arme hängen und drücke die Schultern nach unten. Halte einige Zeit! Zieh danach die Schultern ganz weit nach oben und halte wieder! Wiederhole 3-mal!

3. Verschränke die Arme hinter dem Kopf! Drücke ihn fest gegen den Widerstand! Lass den Kopf anschließend vorne sinken! Presse das Kinn auf die Brust. Beuge dich mit den verschränkten Armen weit nach vorn! 3-mal wiederholen.

4. Lass den Kopf nach links hängen! Verstärke die Dehnung, indem du den linken Arm über den Kopf legst und ihn leicht zur Seite ziehst! Halten! Anschließend die rechte Seite dehnen! Je 3-mal wiederholen.

Rückengymnastik im Sitzen

Mit all diesen Übungen stärkst du die Hals- und Brustwirbelsäule:

5. Verschränke die Arme über Kreuz vor der Brust und führe sie weit nach vorn! Halte! Verschränke sie danach im Rücken und führe die Schulterblätter zusammen! Je 3-mal wiederholen.

6. Verschränke die Arme hoch über dem Kopf. Bewege dich nach rechts und links!

7. Lege die Daumen in die Achselhöhlen! Lass die Ellenbogen kreisen, erst vorwärts, dann rückwärts. Je 3-mal wiederholen.

8. Verschränke die Hände im Nacken! Drücke die Ellenbogen fest nach hinten, bis die Schulterblätter zusammenkommen Beuge dich mit den verschränkten Armen weit nach vorn! 3-mal wiederholen.

9. Strecke die Arme seitwärts! Drehe die Handflächen nach vorn und nach hinten! Bewege die ausgestreckten Arme in kleinen Kreisen!

Rückentraining für die Pause

Bewegung hilft, die Knochen aufzubauen. Treibe deshalb in deiner Freizeit viel Sport! In der Schule könnt ihr euch in der Pause vom vielen Sitzen erholen. Diese Übungen sind für die Regenpause in der Klasse! Sie kräftigen alle deine Rückenmuskeln.

1. Stell dich gerade hin, die Füße hüftbreit auseinander. Schiebe dein Becken 10-mal vor und zurück!

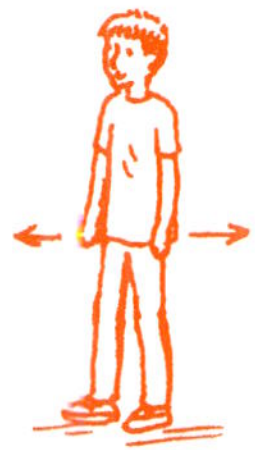

2. Stell dich auf die Zehenspitzen und recke dabei die Arme abwechselnd so hoch wie du kannst! 10-mal wiederholen!

3. Schiebe dein Becken vor und spanne Bauch und Po ganz fest an. Strecke die Arme zur Seite und drehe dich so weit wie du kannst nach rechts. Blicke dabei nach hinten! Halten! Anschließend drehst du den Oberkörper nach links. Wiederhole 3-mal!

4. Grätsche die Beine und führe die Arme hoch über den Kopf. Neige deinen Oberkörper abwechselnd nach links und nach rechts. Wiederhole 3-mal!

Rückentraining für die Pause

Für diese Übungen auf dem Boden brauchst du ein Handtuch oder Teppichfliesen:

1. Geh in den Vierfüßlerstand! Strecke gleichzeitig den rechten Arm und das linke Bein aus! Danach streckst du den linken Arm und das rechte Bein aus! Beides 3-mal wiederholen!

2. Lege dich auf den Bauch! Strecke Arme und Beine aus! Hebe Hände und Füße gleichzeitig vom Boden ab! Halten! 5-mal wiederholen!

3. Lege dich auf den Rücken! Arme neben dem Körper. Hebe die Hüfte zur Brücke an, atme dabei ein! Halte! Senke die Hüfte und atme dabei aus. 5-mal wiederholen, ohne dass du zwischendurch die Hüfte ablegst!

4. Lege dich auf den Rücken! Ziehe die Knie zur Brust! Umfasse sie mit beiden Händen! Drücke deine Lendenwirbelsäule fest an den Boden und strecke dann die Beine waagerecht aus! 3-mal wiederholen!

Erste Hilfe bei Verbrennungen und Prellungen

Information

Du darfst nur bei Verbrennungen 1. Grades helfen, wenn die Haut gerötet ist.

Und so gehst du vor:

So lange unter kaltem Wasser kühlen, bis die Wunde nicht mehr schmerzt. Auch Eiswürfel in ein Tuch gehüllt sind gut geeignet.

Wenn du dir den Kopf gestoßen hast, dann musst du die Beule kühlen.

Fülle Eis in eine kleine Plastiktüte und binde sie zu.

Zerkleinere das Eis mit einem Hammer.

Halte den Beutel an die Beule.

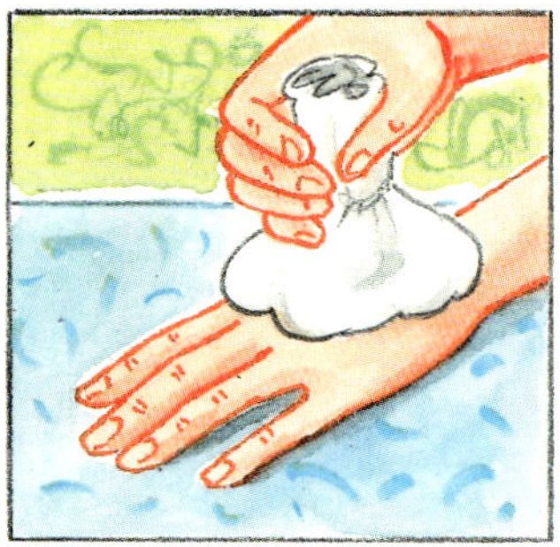

Erste Hilfe bei Verstauchungen

Schuhe und Strümpfe ausziehen.
Den Fuß mit einem kalten Waschlappen kühlen.

Damit du laufen kannst, lege einen elastischen Verband an:

1. Lege die Binde am Fußrücken an. Wickle dann um Ferse und Sprungbein.
2. Ziehe die Binde wieder von der Ferse nach unten und wickle um den Fuß.
3. Anschließend noch 2- bis 3-mal um den Knöchel wickeln.
4. Zuletzt mit Verbandklammern fixieren.

Übe das Anlegen eines Verbandes!

Erste Hilfe bei Insektenstichen

Information

Verhalte dich ruhig, wenn du eine Biene siehst.
Wenn du gestochen wirst, kühle den Stich mit Eis.
Bienen und Wespen mögen Süßes.
Pass im Sommer auf, dass du keine Bienen oder Wespen in den Mund bekommst.
Wenn sie dich in den Hals stechen, schwillst dieser an und du kannst nicht mehr gut atmen.
Tipp: Nur mit Strohhalm trinken oder einen Deckel für Trinkgefäße verwenden.

Mücken und Bremsen stechen, weil sie dein Blut als Nahrung brauchen.
Beim Stechen geben sie ihren giftigen Speichel in die Haut. Das verursacht das Jucken.
Dagegen helfen folgende Mittel: Zwiebel aufschneiden. Stich damit einreiben.
Tuch mit Essig oder Zitronensaft befeuchten. Auf den Stich legen.
Tuch feucht machen, Salz aufstreuen, auf den Stich legen.

Erste Hilfe bei Hundebissen

Information
Ein Hund beißt, wenn er sich bedroht fühlt. Er fletscht zuerst die Zähne, stellt den Schwanz steil hoch und richtet die Nackenhaare auf. Tritt in diesem Fall nicht näher! Du kannst auch an seinem Gesicht ablesen, wie er sich fühlt:

Er droht! Er hat Angst. Er ist friedlich.

Wenn ein Hund dich beißt, kommen Bakterien aus seinem Maul in die Bisswunde. Du musst zum Arzt, der dir eine Tetanus-Spritze gibt.

Kleine Bisse kannst du selber behandeln:
Halte die Bisswunde unter fließendes Wasser.
Tauche sie dann einige Minuten in warmes Seifenwasser.
Gib ein Desinfektionsmittel auf die Wunde!

Notruf durchführen

Als Zeuge eines Unfalls sollst du sofort die Polizei anrufen. Der Notruf 110 in der Telefonzelle kostet nichts.

Was die Polizei bei einem Notruf wissen muss:

- Wer ruft an?
- Was ist passiert?
- Wo ist es passiert?
- Welche Verletzungen gibt es?
- Wie viele Verletzte gibt es?

Du solltest dem Polizist außerdem Zeit geben, Rückfragen zu stellen!

Üb den Notruf in eurer Gruppe!

Ihr braucht:
zwei alte Telefone, Situationsbilder auf der anderen Seite dieser Karte

So geht's:
Schaut euch ein Bild genau an! Könnt ihr die Fragen von der anderen Seite der Karte damit beantworten?
Spielt die Situation nach! Ein Kind spielt den Anrufer, ein anderes den Polizisten am Telefon.
Die Zuhörer passen auf, ob die 2 Spieler auch alle 5 Fragen beachten. Danach wird gewechselt.

Notruf durchführen

Erste Hilfe bei Schnittwunden

Information

Du solltest nur kleine Schnittwunden selbst behandeln:

1. Lass die Wunde etwas bluten, damit Schmutz und Bakterien herausfließen.
2. Nimm ein Pflaster, das größer ist als die Wunde.
3. Berühre die Wunde nicht mit den Händen, denn auch auf gewaschenen Händen können sich noch Bakterien befinden.
4. Zieh die Schutzlasche auf einer Seite ab.
5. Lege das Pflaster so an, dass das Mullstück auf der Wunde liegt.
6. Zieh nun die andere Schutzlasche ab und klebe das Pflaster fest.

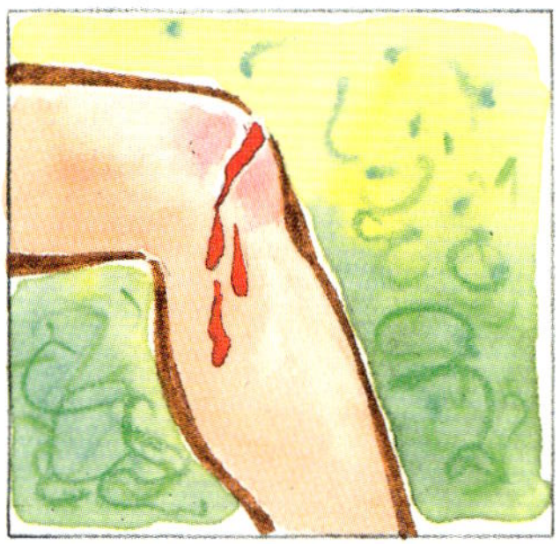

Erste Hilfe bei Schnittwunden

Information
Auf der Fingerkuppe oder dem Ellenbogen halten Pflaster schlecht.
Beim Beugen des Ellenbogens reißen sie schnell ab. So kannst du dir helfen:

Schneide die Klebefläche mit der Schere ein!
Klebe das Pflaster auf den gebeugten Arm!

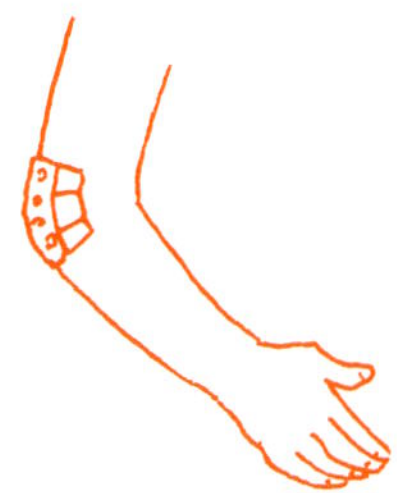

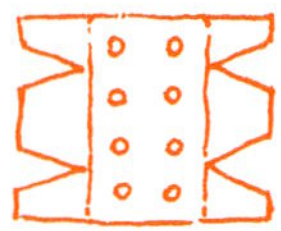

Beim Finger klebst du zuerst 1 an und schlägst dann das obere Ende des Pflasters über die Fingerkuppe 2 und klebst dann 3 an.

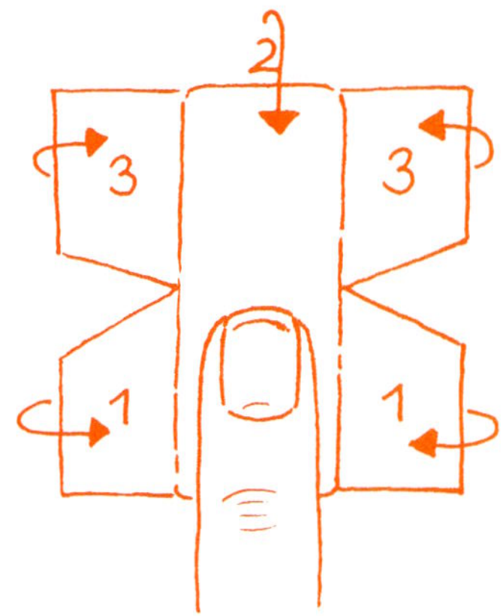

Erste Hilfe bei einem Fremdkörper im Auge

Information

Du hast beim Fahrradfahren etwas ins Auge bekommen. Normalerweise fängt das Auge an zu tränen und schwemmt den Fremdkörper wieder heraus.

Wenn das nicht von allein klappt, kannst du dir so helfen:

- Das Auge nicht reiben!
- Versuche, den Fremdkörper mit Wasser herauszuspülen!
- Wenn dir das nicht gelingt, bitte einen Erwachsenen um Hilfe.

Die Bilder zeigen dir, wie dir ein Erwachsener helfen kann:

Der Verletzte setzt sich auf einen Stuhl, der Helfer steht dahinter.

Der Helfer nimmt das Oberlid mit Daumen und Zeigefinger.

Er klappt das Lid über ein Streichholz nach oben um.

Mit der Fingerspitze hält er das Lid fest und legt das Holz weg.

Er wischt mit einem Taschentuch von außen in Richtung Nase.

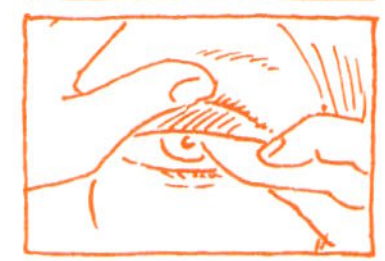

Erste Hilfe bei einem Splitter im Finger

Information
Wenn du einen Splitter im Finger hast, dann muss er heraus, weil sich die Wunde sonst entzündet. Reinige den Finger in warmem Seifenwasser.

- Sterilisiere eine Pinzette an einer Kerzenflamme! Abkühlen lassen! Das sterilisierte Ende nicht mehr anfassen.

- Greif den Splitter mit der Pinzette so, dass er in die Richtung hinausgezogen wird, in der er eingedrungen ist.

- Ist der Splitter herausgezogen, wird die Wunde gepresst, bis ein wenig Blut herauskommt. Damit wird auch der Schmutz entfernt.

Danach kann ein Pflaster aufgeklebt werden.